T0190543

HAROLD S. KUSHNER es el rabino laureado del
Templo Israel en Natick, Massachusetts,
donde reside.

Cuando a la gente buena le pasan cosas malas

───

Harold S. Kushner

VINTAGE ESPAÑOL
Una división de Random House, Inc.
Nueva York

Y [David] respondió: Viviendo aún el niño, yo ayunaba y lloraba, diciendo: ¿Quién sabe si Dios tendrá compasión de mí, y vivirá el niño? Mas ahora que ha muerto, ¿para qué he de ayunar? ¿Podré yo hacerle volver? Yo voy a él, mas él no volverá a mí.

II Samuel 12:22–23

Índice

Introducción:
Por qué escribí este libro   3

Uno
¿Por qué sufren los justos?   9

Dos
La historia de un hombre llamado Job   37

Tres
A veces no hay motivo   54

Cuatro
La gente encantadora no está exenta   65

Cinco
Dios nos permite ser humanos   83

Seis
Dios ayuda a los que dejan
de hacerse daño a sí mismos   99

Siete
Dios no puede hacerlo todo,
pero puede hacer algunas cosas importantes   128

Ocho
Entonces, ¿para qué sirve la religión?   149

Agradecimientos   168

Cuando
a la gente buena
le pasan
cosas malas

———

Por qué escribí este libro

Éste no es un libro abstracto sobre Dios y la teología. No pretende usar grandes palabras ni reestructurar nuestras preguntas para que nos convenzamos de que los problemas no son problemas, sino que nosotros sólo pensamos que lo son. Éste es un libro muy personal, escrito por alguien que cree en Dios y en la bondad del mundo, alguien que ha pasado su vida tratando de acercar a la fe a quienes están a su alrededor, pero que necesitó una tragedia personal para repensar todo lo que había enseñado y aprendido sobre Dios y sus caminos.

Nuestro hijo Aaron acababa de cumplir tres años cuando nació nuestra hija Ariel. Era un niño brillante y alegre, que antes de los dos años ya podía identificar doce variedades de dinosaurios y explicar a los adultos que los dinosaurios constituían una especie extinguida. Mi mujer y yo empezamos a preocuparnos por su salud desde que dejó de aumentar de peso a la edad de ocho meses y sus cabellos empezaron a caerse cuando tenía un año. Consultamos a médicos prestigiosos, vimos cómo lo etiquetaban con varios nombres complicados sin entender bien su situación, asegurándonos que sería bajito pero normal en los otros aspectos de la vida. Poco antes del nacimiento de nuestra hija, nos trasladamos desde Nueva York a un suburbio de Boston, donde asumí el cargo de rabino de la congregación local. Descubrimos que el pediatra local estaba dedicado a la investigación de problemas de crecimiento en los niños y le presentamos a Aaron. Dos meses después, el día en que nació nuestra hija, visitó a mi mujer en el hospital y nos comunicó que la enfermedad de nuestro hijo se llamaba *progeria,* vejez prematura. Esto significaba que Aaron nunca llegaría a poco más de un metro, que carecería de pelo en el cuerpo y en la cabeza, que tendría aspecto más de anciano que de niño, y que moriría sin remedio al principio de su adolescencia.

¿Cómo se puede asumir una noticia como ésta? Yo, un rabino joven, sin demasiada experiencia, ignorante del proceso de la desesperación y la angustia, con las que me familiarizaría bien pronto, sentí aquel día una profunda y aplastante sensación de injusticia. No tenía sentido lo que estaba pasando. Yo había sido una persona intachable, buena, que había tratado de hacer lo que era justo a los ojos de Dios. Más que eso, había vivido en forma más devota y ajustada a los preceptos religiosos que la mayoría de las personas que conocía, todos con familias numerosas y saludables. Pensaba que había vivido en la senda de Dios. ¿Cómo podía pasarle esto a mi familia? Si Dios existía y era mínimamente honesto, ocupado en amar y perdonar, ¿cómo podía hacerme esto?

Y aunque pudiera convencerme de que había recibido

un castigo por algo que había cometido sin saberlo o por mera negligencia o descuido, ¿por qué debía pagar Aaron con su propio cuerpo y su propia vida? Era un niño inocente, alegre, de sólo tres años. ¿Por qué debía sufrir físicamente y psíquicamente cada día de su vida? ¿Por qué debía ser señalado dondequiera que fuese? ¿Por qué estaba destinado a llegar a la adolescencia, junto a niños y niñas que se desarrollaban normalmente descubriéndose condenado a la imposibilidad de casarse y ser padre? Sencillamente, lo que estaba pasando no tenía sentido.

Como la mayoría de la gente, mi mujer y yo nos educamos con la imagen de un Dios omnisapiente y todopoderoso que nos protegía al modo de una figura paterna, como en su momento hicieron nuestros padres y aún mejor. Si éramos obedientes y dignos, haciendo méritos, Él nos recompensaría. Si nos alejábamos del camino, Él nos castigaría a su pesar, pero firmemente. Él nos protegería de hacer daño o de ser dañados y cuidaría de que recibiéramos lo que merecemos en esta vida.

Como la mayoría de la gente, yo era consciente de las tragedias que oscurecen el panorama: jóvenes que mueren en accidentes automovilísticos, gente valiosa atrapada por enfermedades intolerables, vecinos y familiares con hijos subnormales o enfermos mentales que apenas se expresan. Pero la conciencia de todo ese dolor no me llevó a sospechar acerca de la justicia de Dios, ni a cuestionar su rectitud, limitándome a pensar que Él conocía mejor que nosotros el mundo que había creado.

Y así llegó aquel día en que el médico nos explicó en el hospital acerca de la enfermedad de Aaron, su vejez prematura. Esto contradecía todo lo que me habían enseñado. Me limité a repetirme una y otra vez en mi interior: "No puede ser. No es así como puede concebirse el mecanismo del mundo". Tragedias como éstas podían suceder a los orgullosos y deshonestos a quienes yo, como rabino, debía convencer del amor de Dios que todo lo perdona. ¿Pero cómo podía pasar esto conmigo, con mi hijo, si mi fe era verdadera?

Hace poco leí la historia de una madre israelí que el día del cumpleaños de su hijo, abandonaba la fiesta, se encerraba en la intimidad de su habitación, y lloraba porque su hijo estaba más cerca del momento de cumplir con su servicio militar, un año más cerca del momento en que su vida peligraría, un año más cerca del momento en que podía ocurrirle a ella lo que a numerosos padres israelíes les ocurre, obligados a llorar frente a la tumba de un hijo muerto en el campo de batalla. Cuando leí eso, comprendí exactamente lo que sentía esa madre israelí. Cada año, en el cumpleaños de Aaron, mi mujer y yo celebraríamos su desarrollo y crecimiento opacados por la certeza fría de que el tiempo transcurrido nos acercaba al insoportable momento en que Aaron nos sería arrebatado.

Sabía ya en ese entonces que un día me decidiría a escribir este libro por mi propia necesidad de expresar algunas de las ideas más importantes que descubrí en esta coyuntura y en las que creo. Y lo escribiría con el fin de ayudar a los demás que un día se enfrentaran a una circunstancia similar. Escribiría este libro para toda la gente que ansía seguir creyendo a pesar de sentir ira contra Dios, un enfado difícil de conciliar con la fe y la religión.

Pero también escribiría este libro para todas las personas que, amando a Dios y guardándole la debida devoción, tienden en tales casos a culparse a sí mismas y a convencerse de que son culpables de lo que ha pasado, de que se lo merecen.

No había demasiados libros ni demasiados amigos que pudieran ayudarnos cuando Aaron estaba vivo y muriéndose. Algunos trataron de ayudarnos, y así lo hicieron, pero ¿qué podían hacer? Y los libros que consulté trataban a toda costa de defender principalmente el honor de Dios, buscando una prueba lógica de que el mal está al servicio del bien y que la desgracia es necesaria para acercarnos al bien. Pero no había el menor intento de acercarse al padre que sufre, a la angustia de los padres de un niño moribundo. Esos libros tenían respuestas a sus propias preguntas, pero no respondían a las mías.

Espero que éste no sea un libro como aquéllos. No intento escribir un libro con el fin de explicar o defender a Dios. No es necesario multiplicar los numerosos tratados sobre el tema, y aun si fuese necesario, no soy un filósofo profesional. Sólo soy un hombre religioso herido por la vida y mi libro está destinado a quienes hayan sido heridos por la vida a través de muertes, enfermedades, abandono o frustración, y a aquéllos que saben que, de haber justicia en el mundo, habrían merecido un destino mejor. ¿Qué puede significar Dios para esas personas? ¿Adónde deben dirigirse con el fin de obtener fortaleza y esperanza? Si usted es una de esas personas, si quiere creer en la bondad de Dios pero le resulta difícil por lo que le ha ocurrido o por lo que ha sucedido a personas a su cargo o en su proximidad, y este libro logra acompañarle o ayudarle, habré logrado extraer algo válido y un poco de bendición en medio de tantas lágrimas y dolor por lo sucedido con Aaron.

Si a veces me da la impresión de que mi libro se está empantanando en explicaciones teológicas técnicas y está dejando de lado el dolor humano, que debe ser su tema principal, espero que el recuerdo de la razón de ser de la obra me vuelva a situar en el camino adecuado. Aaron murió dos días después de cumplir los 14 años. Éste es su libro, porque todo intento de encontrar sentido a las penas y males del mundo será juzgado como un logro o un fracaso en cuanto que aporte una explicación aceptable sobre por qué Aaron y nosotros debemos pasar lo que pasamos. Y éste es su libro también en otro sentido, pues su vida lo hizo posible y porque su muerte lo volvió necesario.

Uno

¿Por qué sufren los justos?

Hay una sola pregunta que en realidad importa: ¿por qué a la gente buena le pasan cosas malas? El resto de las disquisiciones teológicas es una mera distracción intelectual, algo así como los crucigramas y pasatiempos del suplemento dominical del periódico, que pueden satisfacer a algunas personas, pero que no tocan ninguno de los problemas existenciales. Toda conversación importante que he mantenido sobre Dios y la religión comenzaba con esta pregunta, o giraba en torno a ella. El hombre o la mujer que vuelve del médico con un diagnóstico espantoso, el estudiante universitario argumentándome que no hay Dios, o el desconocido en una reunión social, que al enterarse que soy un rabino, se me acerca con la pregunta: "¿cómo puede creer en...?"—todos tienen en común la preocupación por la injusta distribución del sufrimiento en el mundo.

Las desgracias de la gente buena no son solamente un problema para los que sufren y sus familias. Constituyen un problema para todos los que quieren creer en un mundo justo, honesto, habitable. Cuestionan la bondad, la benevolencia, y aun la propia existencia de Dios.

Yo ejerzo como rabino de una congregación de seiscientas familias, unas dos mil quinientas personas. Los visito en los hospitales, oficio sus funerales, trato de ayudarles en el trámite doloroso de sus divorcios, en sus fracasos financieros, en su infeliz relación con sus propios hijos. Me siento y escucho lo que tienen que contarme sobre sus maridos o esposas que se están muriendo, sobre sus padres seniles cuya longevidad es más una maldición que una bendición, sobre lo que significa ver a sus seres queridos retorcerse de dolor y sentirse sumidos en la frustración. Y me resulta muy difícil decirles que la vida juega limpio, que Dios da a la gente lo que se merece y necesita. Una y otra vez, he visto a familias e incluso a una comunidad entera unirse para rezar pidiendo la recuperación de una persona enferma, sólo para ver que sus esperanzas eran burladas y sus oraciones desatendidas. He visto enfermar a las personas equivocadas, he visto sufrir daño a los que menos lo merecían, he visto morir a los más jóvenes.

Como cada uno de los lectores de este libro, cuando abro el periódico me resulta difícil creer en la bondad de este mundo: asesinatos sin sentido, bromas fatales, jóvenes muertos en accidentes de tráfico cuando se dirigían a su boda o volvían de la entrega de diplomas de su lico. Sumo estas historias a las tragedias personales que he vivido y tengo que preguntarme si puedo, en buena fe, seguir diciendo a la gente que el mundo es bueno y que hay una especie de Dios amoroso y responsable de todo lo que sucede en el mismo.

No es preciso que se trate de personas excepcionales o muy santas para que nos enfrentemos a esta cuestión. No solemos plantearnos por qué sufren las personas que carecen por completo de egoísmo, personas que nunca han hecho el menor daño a alguien, porque conocemos muy pocas personas de ese estilo. Pero nos preguntamos con frecuencia por qué las personas normales, vecinos encantadores y amistosos, que no son extraordinariamente buenas ni extraordinariamente malas, por qué esas personas tienen que enfrentarse de repente a la agonía del dolor y de la tragedia. Si el mundo jugara limpio, seguro que no se lo merecerían. No son mucho mejores ni mucho peores que la mayor parte de la gente que conocemos. ¿Por qué entonces son sus vidas tan duras? Preguntarnos por qué sufren los justos o por qué a la gente buena le pasan cosas malas, no supone en modo alguno limitar nuestra preocupación al conjunto de mártires, santos y sabios, sino tratar de comprender por qué las personas normales —nosotros y la gente que nos rodea— tienen que soportar esas cargas tan extraordinarias de dolor y de pena.

Cuando yo era un joven rabino y acababa de comenzar en mi profesión, fui llamado para que tratara de ayudar a una familia que hacía frente a una inesperada y casi insoportable tragedia. Esta pareja de mediana edad tenía una hija única, de 19 años, que empezaba la universidad. Una mañana, mientras desayunaban tranquilamente, recibieron la llamada telefónica de la enfermera de la universidad:

—Tenemos malas noticias para ustedes. Su hija sufrió un colapso caminando hacia la clase esta mañana. Parece que se le reventó una vena en el cerebro. Murió antes de que pudiéramos hacer nada. Lo lamentamos profundamente.

Confusos y desorientados, preguntaron a un vecino qué podían hacer. El vecino llamó a la sinagoga y yo fui a visitarles el mismo día. Llegué a la casa y me acerqué a ellos con la zozobra de no saber qué decirles o hacer para aliviarles el dolor. Había previsto enfrentarme a un estado traumático, de angustia, de dolor y lamentos pero no esperaba que la primera frase que me dijeran fuera:

—Sabe, rabí, no ayunamos el último Yom Kippur*.

¿Por qué me dijeron eso? ¿Por qué esa tendencia a suponer que fueran responsables por la tragedia? ¿Quién les enseñó a creer en un Dios tan cruel que castigaría a una joven bella e inteligente por la mera infracción de un rito por parte de un tercero?

Una de las maneras que ha tenido la gente de encontrar un sentido al sufrimiento del mundo en cada generación ha sido figurándose que merecemos lo que recibimos, que de algún modo nuestras desgracias provienen de castigos a nuestros pecados:

Decid al justo que le irá bien, porque comerá de los frutos de sus manos. ¡Ay del impío! Mal le irá, porque según las obras de sus manos le será pagado. *(Isaías 3:10–11)*

---

*El Yom Kippur (Día del Gran Perdón), es la más importante de las festividades judías. Es una fiesta de arrepentimiento, ayuno y oración. *(Nota del Traductor)*.

Y Er, el primogénito de Judá, fue malo ante los ojos de Jehová, y le quitó Jehová la vida. *(Génesis 38:7)*

Ninguna adversidad acontecerá al justo; Mas los impíos serán colmados de males. *(Proverbios 12:21)*

Recapacita ahora; ¿qué inocente se ha perdido? Y ¿en dónde han sido destruidos los rectos? *(Job 4:7)*

Ésta es una actitud con la que nos encontraremos más adelante en el libro cuando discutamos la cuestión general de la culpa. Resulta tentador creer que a la gente, a los otros, le pasan cosas malas porque Dios es un juez recto que da lo que cada uno merece. Creyendo esto, nuestro mundo sigue siendo comprensible y ordenado. Así damos a la gente la mejor razón posible para ser buenos y evitar el pecado. Y creyendo esto, mantenemos una imagen de un Dios lleno de amor y todopoderoso, que mantiene todo bajo control. Dada la realidad de la naturaleza humana, dado el hecho de que ninguno de nosotros es perfecto y que cada uno puede, sin demasiada dificultad, pensar en acciones cometidas que no debería haber hecho, siempre podemos encontrar argumentos para justificar las desgracias que nos pasan. Pero, ¿aporta algún consuelo dicha respuesta? ¿Es religiosamente adecuada?

La pareja a la que traté de consolar, los padres que perdieron a su única hija, de 19 años, de forma inesperada, no eran personas muy religiosas. No eran miembros activos de la sinagoga y ni siquiera habían ayunado en Yom Kippur, una tradición que mantienen incluso muchos judíos que no observan los preceptos. Pero al ser acosados por la tragedia, volvieron a la creencia básica de que Dios castiga a los hombres por sus pecados. Sentían que su desgracia era efecto de una falta cometida por ellos mismos, que si hubieran sido menos perezosos y soberbios y hubieran ayunado seis meses antes en el Día del Perdón, su hija estaría viva. Estaban allí, enojados con Dios por haberse cobrado su deuda con tanto rigor, pero se resistían a admitir su enojo por temor a que pudiera volver a castigarles. La vida les había doblegado pero la religión no podía consolarles, sino que les hacía sentirse aún peor.

La idea de que Dios da a los hombres lo que se merecen, de que nuestras faltas ocasionan nuestras propias desgracias, es una solución atractiva y adecuada a varios niveles, pero posee serias limitaciones. Como ya hemos dicho, enseña a la gente a autoculparse. Lleva a que la gente odie a Dios, aunque para ello sea preciso que se odie a sí misma. Y lo más molesto de todo es que no se ajusta a los hechos.

Si viviéramos en otra época, y no en la era de las comunicaciones de masas, podríamos creer en esa tesis, como antaño lo creía mucha gente inteligente. Era más fácil creer en esa manera de ver las cosas. Bastaba con ignorar los pocos casos de desgracias que habían tenido lugar en la vida de la gente buena. Sin periódicos y sin televisión, sin libros de historia, podía uno abstenerse de la muerte circunstancial de un niño o de un vecino digno. Conocemos demasiado acerca del mundo como para poder hacer eso hoy. ¿Cómo puede alguien que ha oído hablar de Auschwitz o de My Lai, o que ha recorrido los pasillos de un hospital o de un asilo, plantear como respuesta a la pregunta en torno al sufrimiento en el mundo, la célebre cita de Isaías: "Dile al justo que nada malo le ocurrirá"? Para creer en esto hoy, una persona debe negar los hechos que la acosan por todos los lados o definir lo que es un *hombre justo* de modo que pueda acomodarse a los hechos ineludibles. Tendríamos que llegar a definir como hombre justo a alguien que vive largos años y bien sin importar si fue o no honesto y bondadoso, mientras que un hombre ímprobo sería aquel que sufre, aunque su vida pudiera ser ejemplar en otro sentido.

Una historia real: un niño de 11 años, conocido mío, tuvo que pasar un examen rutinario de ojos en la escuela y le encontraron suficientemente corto de vista como para usar lentes. No debería haber sido una sorpresa para nadie. Sus padres y su hermano usaban lentes. Pero, por alguna razón, el niño quedó muy alterado con el diagnóstico y la perspectiva de usar lentes. Fue víctima de la depresión y no se lo contó a nadie. Una noche que su madre le llevó a la cama para darle las buenas noches, el asunto salió a la luz. Una semana antes del examen óptico, había estado hojeando una revista *Playboy* con algunos amigos. Con la sensación de que estaban haciendo algo asqueroso, se quedaron varios minutos mirando las fotos de mujeres desnudas. Cuando, unos días después, se examinó la vista del niño y le obligaron a llevar lentes, llegó a la conclusión de que Dios había comenzado a castigarle y dejarle ciego por mirar dichas fotos.

A veces queremos encontrar un sentido a las pruebas de la vida diciéndonos que la gente recibe lo que merece, pero sólo con el curso del tiempo. En un momento determi-

nado, la vida puede parecer injusta y castigar a alguien inocente. Pero si esperamos lo suficiente descubriremos la justicia del Plan Divino.

En ese sentido, el Salmo 92 ensalza a Dios por el mundo
maravilloso y justo que nos ha entregado, y critica a la
gente boba que encuentra imperfecciones porque es impaciente y no da a Dios el tiempo necesario para que vuelva
notoria la vigencia de su justicia.

> ¡Cuán grandes son tus obras, oh Jehová!
> Muy profundos son tus pensamientos.
> El hombre necio no sabe,
> Y el insensato no entiende esto.
> Cuando brotan los impíos como la hierba,
> Y florecen todos los que hacen iniquidad,
> Es para ser destruidos eternamente...
> El justo florecerá como la palmera;
> Crecerá como cedro en el Líbano...
> Para anunciar que Jehová mi fortaleza es recto,
> Y que en él no hay injusticia.
>
> (Salmo 92:5-7, 12, 15)

El salmista quiere explicar el mal aparente en el mundo sin
comprometer la justicia y la rectitud de Dios. Y lo hace
comparando a los malvados con el pasto y a los justos con
palmeras o cedros. Si se planta hierba y palmeras, la hierba
crece primero. De tal modo, los que no saben nada pueden
pensar que la hierba crece más alto y fuerte que la palmera,
ya que crece más rápido. Pero el observador experimentado sabe que el crecimiento rápido de la hierba es efímero,

puesto que se debilitará y morirá en pocos meses, mientras que el árbol crecerá lentamente pero llegará a ser alto, erguido y durará más de una generación.

Del mismo modo, el salmista sugiere que la gente torpe e impaciente compara la prosperidad de los pecadores y el sufrimiento de los virtuosos y llega a la conclusión precipitada de que vale la pena ser deshonesto. Si observaran durante más tiempo, descubrirían que a los deshonestos les pasa lo mismo que a la hierba mientras la prosperidad de los justos es lenta pero segura, así como el cedro y la palmera.

Si me encontrara con el autor del Salmo 92, ante todo le felicitaría por haber compuesto una obra maestra de literatura devocional o apologética. Le agradecería que haya dicho algo importante y significativo sobre el mundo en el que vivimos, donde ser deshonesto y falto de escrúpulos permite frutos prematuros pero donde a la larga adviene la justicia. Como escribiera el rabino Milton Steinberg en su libro *Anatomía de la fe:* "Considere las pautas de los asuntos humanos: cómo la falsedad, careciendo de base, no se sostiene más que precariamente; cómo la maldad tiende a destruirse a sí misma; cómo cada tiranía atrae su propio fin. Compárese a la solidez y continuidad de la virtud y de la verdad. ¿Sería tan agudo el contraste de no haber en la naturaleza de las cosas algo que nos induce a la virtud y nos desalienta a seguir el mal camino?"

Debo señalar que hay mucho de deseos de que las cosas sean así en esta teología de Steinberg. Aún cuando pudiera suscribir que los malvados no terminan gozando de sus maldades, que la pagan de un modo u otro, no puedo decir "Amén" a su sentencia de que los virtuosos "crecen como palmeras". El salmista parece querer decir que, concediéndole un tiempo razonable, el justo alcanza y supera al malvado en el goce de la felicidad y de las cosas buenas de la vida. ¿Cómo explica el hecho de que Dios, que presumiblemente está al tanto del acuerdo, no siempre concede al justo el tiempo de restablecerse? Alguna gente justa muere sin realizarse, otros mueren después de una vida más parecida al castigo que a la recompensa. El mundo, además, no es un sitio tan claro como nos quiere hacer creer el salmista.

Pienso en un amigo mío que levantó un negocio con un cierto éxito tras muchos años de arduos esfuerzos, y que terminó en la bancarrota cuando fue estafado por un hombre en el que había confiado. Yo podría decirle que la victoria del mal sobre el bien era sólo temporal, que él también alcanzaría los frutos que el malvado consiguió rápida y provisoriamente. Pero entretanto, mi amigo se siente frustrado, abandonado, agotado; es un hombre que no es tan joven y que se ha vuelto cada vez más cínico respecto al mundo. ¿Quién pagará los estudios de sus hijos, quién pagará las cuentas médicas que conlleva la vejez, mientras tarde en cumplirse el plazo que necesita Dios, según su plan, para restablecer al virtuoso? Al margen de cuánto me gustaría creer, con Milton Steinberg, que al final triunfará la justicia, ¿puedo garantizar a mi amigo que vivirá lo suficiente para sentirse reivindicado? Entiendo que no puedo compartir el optimismo del salmista de que el virtuoso, a lo larga, crecerá como la palmera y dará testimonio de la rectitud de Dios.

A menudo, las víctimas de la desventura tratan de consolarse a sí mismas con la idea de que Dios tiene sus razones para que eso les ocurra precisamente a ellas, razones que no están en posición de juzgar. Pienso en una mujer que conozco llamada Helen.

El problema comenzó cuando Helen notó que se cansaba al recorrer media manzana o al esperar en alguna fila. Lo atribuyó a que estaba envejeciendo o engordando. Pero una noche, al volver de cenar en casa de unos amigos, cayó de bruces al suelo en la puerta de su casa. Su marido bromeó sobre una presunta borrachera de su mujer con tan sólo dos gotas de vino, pero Helen sospechó que la verdadera razón de lo que había pasado no era para bromear. A la mañana siguiente llamó al médico.

El diagnóstico fue esclerosis múltiple. El doctor explicó que se trataba de una enfermedad nerviosa degenerativa, y que empeoraría, quizá rápidamente, quizá en forma gradual a lo largo de muchos años. A Helen le sería difícil caminar sin apoyo. Eventualmente terminaría en una silla de ruedas, perdería el control de partes de su cuerpo y se volvería progresivamente inválida hasta el fin de sus días.

El peor de los temores de Helen se hizo realidad. Se desvaneció en llantos cuando escuchó aquello:

—¿Por qué me pasa esto a mí? Siempre he tratado de ser una buena persona. Tengo un marido y niños que me necesitan. No me merezco esto. ¿Por qué Dios me hace sufrir así?

Su marido le tomó la mano y trató de consolarla:

—No puedes hablar así. Dios debe tener sus razones para hacer esto, y no tenemos derecho a cuestionarlo.

Debes creer que si Él quiere tu mejoría, te sentirás mejor y si Él no quiere que sea así, deberá tener sus motivos.

Helen trató de encontrar fuerza y paz en aquellas palabras. Quería ser consolada por el conocimiento de que debería haber algún propósito en su sufrimiento, más allá de su capacidad de comprensión. Quería creer que en cierto nivel tendría sentido. Toda su vida le habían enseñado —tanto en las clases de religión como en las de ciencias— que el mundo tenía un sentido, que todo lo que sucedía, ocurría por alguna razón. Desesperadamente quería seguir creyendo esto, seguir creyendo que Dios era responsable de todo lo que sucedía, porque si no era Dios, ¿quién lo sería? Era difícil vivir con esclerosis múltiple, pero aún era más difícil vivir con la idea de que las cosas ocurrieran sin razón, que Dios hubiera perdido contacto con el mundo y no hubiera nadie en el asiento del conductor.

Helen no quería cuestionar a Dios ni enojarse con Él. Pero las palabras de su marido sólo aumentaron su confusión y su sensación de abandono. ¿Qué clase de alto propósito o designio podría justificar aquello a lo que debía enfrentarse? ¿Cómo podía ser bueno esto? Por más que trataba de no enojarse con Dios no podía evitar sentirse enojada, herida, traicionada. Helen había sido siempre una buena persona; imperfecta, sin duda, pero honesta, trabajadora, útil, tan buena como la mayoría de la gente, y mejor que muchas personas saludables. ¿Qué razones podía tener Dios para portarse de esta manera? Helen no sólo sufría por la enfermedad sino que también tenía sentimientos de culpa por estar enojada con Dios. Se sentía sola con su miedo y su sufrimiento. Si fue Dios quien le envió esta angustia, si por algún motivo Él quería hacerla sufrir, ¿con qué justificación podría pedirle que la curara?

En 1924 el novelista Thornton Wilder intentó enfrentarse con este difícil dilema en su novela *El puente de San Luis Rey*. El autor narra que una vez en un pequeño poblado del Perú, al romperse un puente colgante, cinco personas cayeron al abismo donde encontraron la muerte. Un joven sacerdote católico que se encontraba observando se afligió por lo sucedido. ¿Fue un accidente o fue por la voluntad divina que las cinco personas debieran morir de esta manera? Investigando la historia de sus vidas el sacerdote llegó a una conclusión enigmática: los cinco habían resuelto recientemente una situación problemática y estaban por entrar en una nueva fase de sus vidas. Quizá, piensa el sacerdote, *ésta era* la hora propicia de dejar este mundo.

Tengo que confesar que esta respuesta no me satisface. Reemplacemos a los cinco personajes de Wilder por doscientos cincuenta pasajeros de un avión que se estrella. Me niego a creer que cada uno de ellos acabara de completar una etapa importante de su vida. Las historias personales que se publican en los periódicos después de un accidente de aviación parecen indicar todo lo contrario: que muchas de las víctimas no habían completado aún algún trabajo importante, que muchas de ellas dejaban familias jóvenes y planes no realizados. En una novela donde la imaginación del autor controla los hechos, las tragedias repentinas pueden ocurrir cuando la acción así lo exige. Pero la experiencia me ha enseñado que en la vida real las cosas no son tan simples.

Es probable que Thornton Wilder haya llegado a la misma conclusión. Más de cincuenta años después de haber escrito *El puente de San Luis Rey,* en otra novela titulada *El octavo día* el autor, más viejo y más sabio, volvió al problema de por qué sufre la gente buena. El libro relata la historia de un hombre bueno y honesto cuya vida es arruinada por la hostilidad y la mala suerte. El hombre y su familia sufren a pesar de ser inocentes de toda culpa y la novela no tiene un final feliz donde los héroes son recompensados y los malvados castigados. En cambio, Wilder nos ofrece la imagen de un hermoso tapiz que, visto de frente, nos muestra una obra de arte intrincadamente tejida donde se unen hebras de hilo de diferentes colores y tamaños formando un cuadro inspirador. Pero si le damos la vuelta veremos una mezcolanza de hebras largas y cortas, algunas uniformes, otras cortadas y anudadas, que van en distintas direcciones. Ésta es la interpretación que Wilder nos ofrece de por qué la gente buena sufre en la vida. Según este autor, Dios creó un modelo en el cual encajan nuestras vidas. Este modelo exige que algunas vidas sean retorcidas, anudadas, o cortadas, mientras otras se extienden ampliamente, no porque una hebra sea más merecedora que otra sino porque simplemente el modelo así lo exige. Visto desde abajo, desde el punto de vista humano, el modelo de recompensa y castigo de Dios parece arbitrario y sin un propósito claro, como el revés de un tapiz. Pero si lo observamos desde fuera de esta vida, desde una perspectiva divina, cada torcimiento y cada nudo cumple su función en un gran plan que constituye una obra de arte.

Esta suposición es muy emocionante, y me imagino que servirá de consuelo a mucha gente. El sufrimiento inútil, el castigo por algún pecado no especificado, es difícil de soportar; mas el sufrimiento como contribución a una gran obra de arte diseñada por Dios mismo puede ser visto no sólo como un peso tolerable sino hasta como un privilegio. Así pues una desdichada víctima de la Edad Media supuestamente habría rezado: "No me reveles el motivo de mi sufrimiento. Asegúrame solamente que sufro por ti".

Si examinamos este enfoque con detalle veremos que también tiene sus fallos. Porque toda su compasión se basa en buena medida en una mera expresión de un deseo. La enfermedad de un niño inválido, la muerte de un joven marido o de un padre de familia, la ruina de una persona inocente por algún chisme malicioso son una realidad. Lo hemos visto. Pero nadie ha visto el tapiz de Wilder. Todo lo que el novelista puede decir es: "Imagine que existe un tapiz como éste". Me cuesta aceptar soluciones hipotéticas para problemas reales.

¿Podemos tomar en serio a alguien que diga que tiene fe en Adolfo Hitler o en John Dillinger? ¿Alguien que diga que aunque no puede explicar el por qué de sus acciones, no cree que hayan hecho lo que hicieron sin una buena razón? Sin embargo, la gente tiende a justificar con estas mismas palabras la muerte y las tragedias que Dios inflige a víctimas inocentes.

Es más, mi compromiso religioso con el valor supremo de la vida humana me impide aceptar una respuesta que no se escandalice ante el dolor humano y que incluso lo justifique porque contribuye supuestamente a un plan general de valor estético. Si un artista, o cualquier persona, causara sufrimiento a un niño para crear algo imponente o de valor, lo enviaríamos a la cárcel. ¿Por qué debemos entonces disculpar a Dios por causar un dolor no merecido, por más maravilloso que sea el producto final de su obra?

Meditando sobre lo que había sido su vida en lo que se refiere a angustia mental y dolor físico, Helen llegó a la conclusión de que su enfermedad le había robado la fe en Dios y en la bondad del mundo que tenía de niña. Desafió a su familia, a sus amigos y hasta a su sacerdote, para que le explicaran por qué algo tan terrible debía sucederle a ella, o a cualquier otra persona. Si Dios realmente existiera, Helen decía que le odiaba, y que también odiaba cualquier "gran plan" que le hubiera llevado a infligir tal desdicha sobre ella.

Consideremos otro problema: ¿Puede ser educativo el sufrimiento? ¿Nos cura de nuestros defectos y nos transforma en mejores personas? A veces la gente creyente que quiere convencerse de que Dios tiene sus buenas razones para hacernos sufrir trata de imaginar cuáles pueden ser tales razones. El rabino Joseph V. Soloveitchik, uno de los más grandes maestros del judaísmo ortodoxo contemporáneo, dice: "El sufrimiento ennoblece al hombre, limpia sus pensamientos de orgullo y superficialidad ampliando sus horizontes. En resumen, el objetivo del sufrimiento es reparar lo que es defectuoso en la personalidad del hombre".

De la misma manera que un padre a veces debe castigar a su hijo, a quien ama, por su propio bien, Dios a veces se ve obligado a castigarnos. El padre que saca a su hijo de un camino de mucho tráfico, o que se niega a darle un dulce antes de cenar, no está siendo malo o injusto; está actuando como un padre preocupado y responsable. A veces, para darle una lección a su hijo, el padre debe castigarle con una azotaina o privándole de algo. El niño puede sentir que está siendo arbitrariamente privado de algo que los otros niños tienen o también puede preguntarse por qué alguien que le ama tan ostensiblemente le trata de esta manera. Esto se debe a que él es aún pequeño, y cuando crezca comprenderá lo necesario y sabio de esta acción.

De manera similar se nos dice que Dios se comporta con nosotros como un padre sabio y cuidadoso con su hijo ingenuo, cuidándonos para que no nos lastimemos, negándonos algo que pensamos que queremos, empujándonos ocasionalmente para que comprendamos que hemos hecho algo equivocado; tolerando pacientemente nuestros accesos de cólera contra la injusticia, confiando en que algún día comprenderemos que todo fue por nuestro bien. "Porque Jehová al que ama castiga, Como el padre al hijo a quien quiere". (Proverbios 3:12)

En los periódicos se publicó recientemente la historia de una mujer que empleó seis años de su vida viajando por el mundo en busca de obras de arte con la intención de abrir un comercio de antigüedades. Una semana antes de la inauguración, un relámpago provocó un incendio en la manzana donde se encontraba su negocio. Los bienes, demasiado valiosos para ser tasados, estaban asegurados por una fracción de su valor real. Además, ¿qué póliza de seguros podría compensar a una mujer de mediana edad por los seis años de vida invertidos buscando y coleccionando objetos de arte? La pobre mujer estaba completamente confusa y desorientada y se preguntaba con desconsuelo:

—¿Por qué tenía que ocurrir esto? ¿Por qué a mí?

—Quizá Dios está tratando de enseñarte una lección —le dijo un amigo intentando consolarla—. Quizá no quiere que te conviertas en una mujer adinerada, una comerciante próspera atrapada todo el día en declaraciones de pérdidas y ganancias, viajando todos los años por el Lejano Oriente en la búsqueda de objetos de arte. Dios quiere que inviertas tus energías en otras acciones y ésta es Su manera de transmitir el mensaje.

Un maestro contemporáneo ha empleado la siguiente metáfora: si una persona que no entienda nada de medicina entrara de repente en la sala de operaciones de un hospital y observara a los médicos y enfermeras ejecutando una operación quirúrgica, podría pensar que se las tiene que ver con una banda de sádicos criminales torturando a una desafortunada víctima. Los vería amarrando al paciente, metiéndole a la fuerza un tubo en la nariz y en la boca para que no pueda respirar, clavándole agujas y cuchillos en todo el cuerpo. Solamente quien entiende de cirugía se daría cuenta de que todo lo que hacen es por el bien del paciente y no para torturarle. De la misma manera, sugieren algunas personas, Dios nos lastima con el objeto de ayudarnos.

Veamos el caso de Ron, un joven farmacéutico que dirigía una farmacia con su socio. Cuando Ron adquirió el comercio, el propietario anterior le comentó que en los últimos tiempos el local había sido asaltado varias veces por jóvenes drogadictos que buscaban dinero y drogas. Un día, a la hora de cierre del comercio, entró un joven adicto exigiendo dinero y drogas y sacó un revólver de pequeño calibre. Prefiriendo perder las ganancias del día a comportarse como héroe, Ron fue temblando a abrir la caja registradora. Mientras se daba vuelta tropezó y para no caer, sin querer se apoyó en la caja. El ladrón, pensando que trataba de tomar una pistola, disparó. El proyectil le atravesó el abdomen, y se alojó en la columna vertebral. La bala fue finalmente extraída por los médicos pero el daño ya estaba hecho. Ron nunca volverá a caminar.

Los amigos, intentando consolarle, le tomaban las manos y apiadándose de él le hablaban de drogas experimentales o de milagrosas remisiones espontáneas. Otros trataban de ayudarle a comprender lo ocurrido, a responder a la pregunta: "¿Por qué a mí?"

Un amigo le dijo:

—Quiero creer que todo lo que sucede en la vida tiene un propósito. De alguna manera, todo lo que nos sucede es por nuestro propio bien. Míralo de esta manera, siempre fuiste una persona orgullosa, popular con las mujeres, amante de automóviles lujosos, ambicioso. Nunca te preocupaste por la gente que no tenía tu misma posición. Quizá de esta forma Dios te está enseñando una lección. Te está enseñando a ser más sensible con las personas que te rodean. Quizá ésta sea la manera de limpiarte de tu orgullo y arrogancia, de hacerte más sensible a las personas que al éxito.

Su amigo quería consolarle tratando de encontrar un sentido al accidente. Pero si usted estuviera en el lugar de

Ron, ¿cómo reaccionaría? Ron piensa que de haber podido levantarse de la cama le habría golpeado. ¿Qué derecho tiene una persona normal que conduce automóviles, sube escaleras y juega al tenis, a decirle que todo lo sucedido fue por su bien?

El problema de esta línea de pensamiento reside en que fue creada no para ayudar a la persona que sufre sino para hacer una apología de Dios, usando palabras e ideas que transforman el mal en bien y el dolor en privilegio. Estas respuestas fueron concebidas por personas que creen fehacientemente que Dios es un padre que ama y controla todo lo que nos sucede y, apoyándose en esta creencia, ajustan e interpretan los hechos para que coincidan con esta proposición. Puede que sea verdad que el cirujano utiliza el bisturí para ayudar a la gente, pero no toda persona que clava un cuchillo en su prójimo es un cirujano. Puede que a veces debamos causar dolor a una persona amada por su propio bien, pero no toda cosa dolorosa que nos sucede es en nuestro beneficio.

Podría aceptar que debo sufrir para que lo que es imperfecto en mi personalidad sea reparado si encontrara alguna conexión clara entre la falta y el castigo. Un padre que castiga a su niño por haber cometido alguna falta y no le explica la razón del castigo, difícilmente puede ser considerado como un modelo de padre responsable. Sin embargo, las personas que interpretan el sufrimiento como el medio por el que Dios nos enseña a mejorarnos, no pueden explicar exactamente en qué tenemos que cambiar.

Tampoco serviría la explicación de que el accidente de Ron no ocurrió para transformarle *a él personalmente*, sino para hacer que su familia y amigos fueran más sensibles a los minusválidos. Tal vez las mujeres dan a luz niños deformes o retrasados como parte del plan de Dios para engrandecer y profundizar sus almas, para inculcarles compasión y una clase de amor diferente.

Todos hemos leído historias de niños pequeños que perecieron al caer de lo alto de una ventana o dentro de una piscina por un descuido de sus padres. ¿Por qué permite Dios que esto suceda a un niño inocente? Seguramente la intención no es darle una lección al niño acerca de cómo explorar nuevas áreas, ya que en el momento en que se termina la lección el niño está muerto. ¿Es su objetivo enseñarles a los padres y a las niñeras a ser más cuidadosos? La lección es demasiado inútil para pagar un precio tan elevado.

¿Será el objetivo hacer de los padres gente más sensible y compasiva, gente que manifieste más aprecio por la vida y la salud? ¿O pretenderá motivarles a hacer una campaña en favor de mejores normas de seguridad y así salvar cientos de vidas en el futuro? Sigue siendo un precio muy alto y este razonamiento denota muy poca sensibilidad por el valor de la vida de una persona. Me siento ofendido por los que sugieren que una madre da a luz a un niño retrasado para que sus familiares y amigos aprendan lo que es la compasión y la gratitud. ¿Por qué debería Dios arruinar la vida de una persona para acrecentar mi sensibilidad espiritual?

Si no podemos explicar satisfactoriamente el sufrimiento diciendo que nos ocurre lo que nos merecemos, o analizándolo como una cura para nuestros defectos, ¿cómo podemos aceptar la interpretación de la tragedia personal como una prueba espiritual? A muchos padres que tienen un niño agonizando se les alienta a que lean el capítulo vigésimo segundo del Génesis, para ayudarles a comprender y aceptar el peso del sufrimiento. En este capítulo Dios ordena a Abraham sacrificar a su hijo Isaac, un verdadero sacrificio humano. El capítulo comienza con las palabras: "Sucedió después de estas cosas, que probó Dios a Abraham". Dios quería poner a prueba la fe y la lealtad de Abraham. Una vez finalizada la prueba, prometió recompensarle por su fortaleza.

Para las personas a las que les es difícil aceptar la idea de un Dios que juega sádicamente con su más ferviente seguidor, los defensores de esta explicación argumentan que, como Dios es omnisciente, sabe desde el principio cómo finalizará la historia. Sabe que pasaremos la prueba con éxito, como Abraham, con la fe intacta (aunque debemos recordar que en el caso de Abraham el niño sobrevivió a la prueba). En resumen, Dios nos pone a prueba para que descubramos cuán fuerte es nuestra fe.

El Talmud, la compilación de las enseñanzas de los rabinos entre los años 200 A. C. y 500 D. C., explica la prueba de Abraham de esta forma: Los alfareros en el mercado golpean las vasijas de barro con un palo para demostrar que son fuertes y sólidas. Pero agrega también que un alfarero sabio sólo golpea las vasijas sólidas, no las defectuosas. De esta manera Dios pone a prueba a las personas que considera capaces de soportarle, para que ellas y los demás puedan reconocer la magnitud de su fuerza espiritual.

Fui padre de un niño enfermo durante 14 años; la noción de que Dios me eligió al reconocer una fuerza espiritual especial en mí no me supuso el menor consuelo. No me hizo sentirme privilegiado ni me ayudó a comprender por qué Dios cada año impone niños inválidos, enfermos o deformes en la vida de más de cien mil familias.

La escritora Harriet Sarnoff Schiff ha volcado su dolor en un excelente libro titulado *El padre apenado*. Nos cuenta que cuando su hijo murió durante una operación quirúrgica destinada a corregirle una deficiencia congénita del corazón, su sacerdote la llevó a un lado y le dijo:

—Estoy convencido de que sabrás atravesar este momento doloroso con éxito; Dios no nos carga con más peso del que podemos soportar. Él permitió que esto te suceda porque sabe que eres lo suficientemente fuerte para soportarlo.

Harriet Schiff recuerda cómo reaccionó ante estas palabras:

—Si yo hubiera sido más débil, Robbie aún estaría con vida.

¿Es cierto que Dios nunca nos exige más de lo que podemos soportar? Mi experiencia ha sido muy distinta. He visto gente doblegarse bajo el peso de la tragedia insoportable, matrimonios deshacerse después de la muerte de un hijo, culpándose entre ellos por no haber cuidado del niño adecuadamente o por ser responsables de algún defecto congénito, o simplemente porque los recuerdos compartidos se hacían insoportablemente dolorosos. He visto que la gente que sufre tiende a hacerse más cínica y amargada que noble y sensible. También he visto cómo esa gente se ha vuelto celosa de los que la rodean, incapacitándose así para participar en la rutina de la vida diaria. He sido testigo de cómo después de que el cáncer o un accidente automovilístico segara la vida de una persona, cinco miembros de la familia dejaron de ser las personas felices y normales que eran antes del accidente, terminando funcionalmente sus vidas. Si Dios nos está probando, a esta altura debería saber que muchos de nosotros no pasamos la prueba. Y si su intención es imponernos una carga que podamos soportar, demasiadas veces le he visto calcular mal.

Como último recurso, algunas personas intentan explicar el sufrimiento argumentando que viene a liberarnos de un mundo de dolor y a conducirnos hacia otro mundo mejor. Un día me informaron telefónicamente que un niño de nuestro vecindario murió atropellado por un automóvil al correr en la calle tras una pelota. No conocía al chico pues su familia no formaba parte de nuestra congregación, aunque varios niños de la congregación le conocían y habían jugado con él. Algunas madres que asistieron al funeral me relataron las palabras del sacerdote de la familia:

—Éste no es tiempo de tristeza o de lágrimas sino de alegría, ya que nuestro pequeño Michael ha abandonado este mundo de aflicción con el alma limpia de pecado, para habitar un mundo de felicidad donde no existe el dolor ni el pesar. Demos gracias a Dios.

Sentí mucha pena por los padres de Michael. No sólo perdieron un hijo repentinamente sino que además tuvieron que oír cómo el representante de su religión les decía que hay motivo de regocijo en la muerte de un inocente. No creo que sintieran que la desgracia sucedida podía ser motivo de júbilo. Lo que sentían era furia y enojo, sentían que Dios había actuado injustamente. Y el "representante" de Dios decía que tenían que dar gracias a Dios por lo sucedido.

A veces nos es difícil admitir que existe injusticia en el mundo e intentamos autoconvencernos de que lo sucedido no es del todo negativo. Sólo creemos que lo es, puesto que nuestro egoísmo es el que nos hace lamentar que Michael esté cerca de Dios en vez de estar con nosotros. A veces nuestro intelecto trata de persuadirnos de que el infortunio no es real, que no existe, que nos enfrentamos a una condición de "virtud insuficiente" como si "frío" significara "insuficiente calor" o la oscuridad fuera la ausencia de luz. De esta manera podemos "probar" que el frío y la oscuridad no existen, aunque exista gente que muere de frío o que tropieza, cae y se hace daño por causa de la oscuridad. Nuestra capacidad verbal, por más desarrollada que esté, no consigue que la muerte y el perjuicio causados sean menos reales.

A veces, nuestros anhelos de justicia, nuestra desesperación por creer en la justicia divina, nos hacen fijar nuestras esperanzas en la idea de que existe otro mundo fuera de éste, que en algún lugar fuera de esta vida existe otro mundo donde "los últimos serán los primeros", donde nos uniremos con nuestros seres queridos para pasar juntos la eternidad.

Nadie sabe si hay algo de verdad en esta afirmación. De lo único que tenemos certeza absoluta es de la descomposición de nuestros cuerpos después de la muerte. Creo firmemente que la parte nuestra a la que llamamos alma o personalidad no puede morir junto con nosotros, aunque no consigo imaginar la forma de un alma sin cuerpo. ¿Seremos capaces de reconocer almas sin cuerpo como pertenecientes a personas que conocimos y amamos? Un hombre que perdió a su padre de niño y después vivió toda una vida, ¿será más joven, más viejo o de misma edad que su padre en el otro mundo? ¿Serán resarcidas las almas de los retrasados y los deformes en el otro mundo?

Gente que se ha encontrado al borde de la muerte cuenta haber visto una luz resplandeciente y haber sido saludada por alguna persona amada ya fallecida. Pero después de la muerte de nuestro hijo, nuestra hija Ariel soñó que al morir fue recibida en el paraíso por su hermano, ya crecido normalmente, junto con su abuela (que había fallecido un año antes). Debemos admitir que es imposible corroborar si estas visiones representan algún indicio de la realidad o no son más que un producto de nuestra imaginación matizado por una expresión de deseo.

Creer en la existencia de otro mundo donde los inocentes son compensados por su sufrimiento puede ayudar a algunas personas a soportar las injusticias de éste sin causar la pérdida de la fe. Pero también puede ser utilizado como excusa para no preocuparse por la injusticia que nos rodea y para no aplicar la inteligencia de la que Dios nos dotó para actuar contra aquélla. Para gente en nuestra posición se impone cierto pragmatismo que tenga en cuenta la posibilidad de que nuestras vidas continúen después de la muerte en una forma que nuestra imaginación terrenal no puede concebir. Pero al mismo tiempo, no teniendo certeza absoluta de la existencia de otro mundo, debemos tomar al nuestro lo más seriamente posible y procurar la justicia aquí en la tierra, por si éste resulta ser el único mundo existente.

Todas las respuestas a las tragedias que hemos considerado hasta ahora tienen por lo menos algo en común. Todas suponen que Dios es la causa de nuestro sufrimiento y todas tratan de comprender la razón por la cual nos es impuesto. ¿Es por nuestro propio bien o es un castigo merecido, o quizá a Dios no le interesa lo que nos ocurra? Muchas de las respuestas vistas son sensibles e imaginativas, aunque ninguna nos haya satisfecho por completo. Algunas nos condujeron hacia la idea de que somos culpables para así salvaguardar la reputación de Dios. Otras nos obligaron a contradecir la realidad o a reprimir nuestros verdaderos sentimientos. Nos quedamos en la disyuntiva de odiarnos a nosotros mismos por habernos hecho merecedores de ese destino, u odiamos a Dios por habernos castigado inmerecidamente.

Pero existe un enfoque adicional. Tal vez Dios no sea la causa de nuestro sufrimiento. Quizá nuestro sufrimiento suceda por algo diferente de la voluntad divina. Escribe el salmista: "Alzaré mis ojos a los montes; ¿De dónde vendrá mi socorro? Mi socorro viene de Jehová, que hizo los cielos y la tierra". (Salmos 121:1–2) Observemos que no dice "mi dolor viene del Señor" o "la tragedia viene del Señor" sino "mi *socorro* viene del Señor".

¿Es posible que no sea Dios el responsable de las cosas malas que nos suceden, ni que tampoco sea Él quien decide que alguien tendrá un hijo minusválido, o quedará inválido como Ron por una herida de bala, o como Helen por una enfermedad degenerativa? ¿Quizá en realidad Él

espera paciente para ayudarnos a sobrellevar nuestras tragedias, si pudiéramos superar los sentimientos de culpa y
cólera que nos separan de Él? ¿Es posible acaso que cuando
nos preguntamos cómo Dios puede hacernos algo malo estemos formulando la pregunta de forma equivocada?

La reflexión más profunda y completa del sufrimiento
humano está en la Biblia, en el libro de Job. En el capítulo
siguiente analizaremos ese libro.

Dos

La historia de un hombre llamado Job

Hace cerca de dos mil quinientos años vivió un hombre cuyo nombre no conoceremos, un hombre que desde entonces ha enriquecido las vidas y los corazones de mucha gente, una persona sensible que observó cómo la gente buena a su alrededor enfermaba y moría mientras los orgullosos y los egoístas prosperaban, un hombre que escuchó muchas sabias y piadosas explicaciones acerca de la vida y quedó tan insatisfecho con ellas como nosotros ahora. Como era una persona de raros dones intelectuales y literarios escribió un largo poema filosófico sobre el tema de por qué Dios permite que a la gente buena le pasen cosas malas. Este poema aparece en la Biblia bajo el título de *El Libro de Job*.

Thomas Carlyle llamó al libro de Job "el poema más maravilloso jamás escrito, la primera y más antigua exposición de un problema eterno: el destino del hombre y los caminos de Dios en la tierra. . . . No hay nada escrito en la Biblia o fuera de ella que posea igual mérito literario". Quedé fascinado por el libro de Job desde el día en que lo descubrí; además lo estudié, releí, y enseñé muchas veces*. Se ha dicho que así como el sueño de todo actor es representar a Hamlet, cada estudiante de la Biblia aspira a escribir un comentario sobre Job. Éste es un libro difícil de comprender, un libro profundo y hermoso que analiza la pregunta más difícil de entender: por qué permite Dios que la gente buena sufra. El argumento es difícil de seguir ya que, a través de sus personajes el autor presenta puntos de vista que probablemente él mismo no acepta, y asimismo porque está escrito en un hebreo culto y elegante que suele ser difícil de traducir miles de años después. Si se comparan dos traducciones diferentes del Libro de Job, a veces nos preguntamos si son en verdad traducciones del mismo texto. Uno de los versículos claves puede ser traducido tanto como "Temeré a Dios" o "No temeré a Dios", y no hay modo alguno de saber con certeza lo que el autor quería decir. La expresión habitual de fe, "Sé que mi Redentor vive", puede significar "Preferiría ser redimido mientras aún vivo". Pero una buena parte del libro es clara y potente, y podemos realizar nuestra tarea interpretativa sobre el resto.

¿Quién era Job y qué es el libro que lleva su nombre? Hace mucho, mucho tiempo, los investigadores creían que debía tratarse de una historia muy conocida, una especie de fábula moral que se contaba para reforzar los sentimientos religiosos de la gente, una historia sobre un hombre piadoso llamado Job. Job era tan bueno, tan perfecto, que

*Elie Wiesel, ganador del premio Nobel de la Paz, hace una hermosa versión de la historia de Job (*Job, el silencio revolucionario*) en su libro *Celebraciones Bíblicas*. Barcelona: Muchnik Editores, 1987. (*Nota del Traductor*).

al leer su historia comprendemos que no se trata de una persona real. Es una historia del tipo "érase una vez" que trata sobre un hombre bueno que sufre.

Un día, prosigue la historia, Satán se presentó ante Dios para hablarle de todas las cosas pecaminosas que estaban haciendo los seres humanos sobre la tierra. Dios entonces pregunta a Satán:

—Pero, ¿te has fijado en mi siervo Job? No hay nadie en la tierra que se le pueda comparar, es un hombre bueno que nunca ha pecado.

—Claro que Job es piadoso y obediente —responde Satán—. Le has dado todo lo que necesita, derramando riquezas y bendiciones sobre su cabeza. Quítale esas bendiciones y verás cuánto tiempo sigue siendo tu leal servidor.

Dios acepta el reto de Satán. Sin decir a Job ni una palabra, Dios destruye su casa, sus ganados y mata a sus hijos. Aflige a Job con pústulas y úlceras que cubren todo su cuerpo, con lo que cada instante se convierte para él en un auténtico tormento. La esposa de Job le insta a que maldiga a Dios, aunque eso signifique que Dios le envíe la muerte. Ya no puede hacer nada peor de todo lo que le ha hecho. Tres amigos acuden a consolar a Job y los tres le animan a prescindir de su piedad, si ésta es la recompensa que recibe por la misma. Pero Job permanece firme en su fe. Nada de lo que le sucede puede destruir su devoción a Dios. Finalmente, Dios aparece, reprende a los amigos por sus malos consejos y recompensa a Job por su fidelidad. Dios le da una nueva casa, una nueva fortuna y nuevos hijos. La moraleja de esta historia está clara: cuando las cosas le vayan mal, no abandone su fe en Dios. Él tiene sus propias razones para lo que hace y, si usted se mantiene firme en su fe el tiempo preciso, le recompensará por sus sufrimientos.

Generaciones tras generaciones, muchas personas han escuchado esta historia. Algunas, no me cabe duda, fueron consoladas por ella. Otras se sintieron avergonzadas por sus dudas y sus quejas tras conocer el ejemplo de Job. Pero el autor anónimo se sintió un poco incómodo ante el ejemplo. ¿Pretende hacernos creer en un Dios que puede matar a niños inocentes y hacer sufrir crueles tormentos a su más devoto seguidor para probar algo o, nos da la impresión, ganar una apuesta a Satán? ¿Qué tipo de religión es ésa que se complace en la obediencia ciega y sostiene que es un pecado alzar la voz contra la injusticia? El autor se debió sentir tan abrumado con esa vieja fábula que la tomó, la volvió a escribir y la convirtió en un poema filosófico en el que se invierten las posiciones y puntos de vista de los personajes. En el poema, Job *se queja* ante Dios, y son los amigos los que sustentan la idea de la teología convencional de que "al justo no le sucede mal alguno".

Tratando de consolar a Job, cuyos hijos han muerto y que sufre por todas las pústulas de su cuerpo, los tres amigos le dicen todas las cosas tradicionales y piadosas que suelen decirse. En esencia, lo que hacen es reivindicar el punto de vista que contiene la fábula de Job original. No pierdas la fe a pesar de todas las calamidades que puedan sucederte. Tenemos un Padre amoroso en el Cielo y Él se ocupará de que los buenos prosperen y los perversos sean castigados.

Job, que probablemente ha dicho esas mismas palabras

en innumerables ocasiones a otras personas que sufren, se da cuenta por vez primera de lo huecas y ofensivas que son. ¿Qué quieren decir con esto de que Dios se preocupa porque los justos prosperen y los perversos sean castigados? ¿Están sugiriendo que mis hijos eran malvados y por eso murieron? ¿O que yo soy malvado y por eso me suceden todas estas desgracias? ¿En qué fui tan terrible? ¿Qué hice yo para que Dios considere mi comportamiento peor que el vuestro, qué hice yo para merecer un destino tan atroz?

Los amigos, asustados por este exabrupto, responden diciendo que una persona no puede esperar que Dios le anuncie el motivo del castigo. (En un momento de la discusión uno de los amigos dice: "¿Esperas que Dios te envíe un informe detallado sobre cada vez que mentiste o ignoraste a un mendigo? Dios está muy ocupado dirigiendo el mundo como para invitarte a revisar sus libros".) Sólo podemos asumir que nadie es perfecto y que Dios sabe lo que hace; sin esta suposición el mundo se torna caótico e inconcebible.

Así continúa la discusión. Job no pretende ser perfecto, pero afirma haber intentado vivir una vida decente. ¿Cómo podemos considerar a Dios un padre amante y bondadoso si está espiándonos continuamente, atento a la menor imperfección para castigarnos? ¿Cómo puede Dios justificar el hecho de que tanta gente malvada no sea castigada tan horriblemente como Job?

La conversación se acalora. Los amigos dicen: "Job, tú nos engañaste. Nos diste la impresión de que eras tan piadoso y creyente como nosotros. Ahora podemos ver que nos equivocamos; la primera vez que te sucede algo desagradable abandonas la religión. Eres orgulloso, arrogante, impaciente, blasfemo. No es de asombrarse que Dios te haya castigado de esta forma; esto demuestra que es muy fácil ser engañado acerca de quién es justo y quién es pecador, aunque no puedes engañar a Dios".

Después de tres diálogos alternados, en los cuales vemos cómo Job expresa sus quejas, mientras sus amigos hacen la apología de Dios, el libro llega a su punto culminante. El autor, a través de Job, expone uno de los principios elementales de la legislación criminal bíblica: si un hombre es acusado de un crimen sin presentar pruebas, éste puede optar por jurar su inocencia; en ese momento el acusador está obligado a presentar evidencia concreta contra el acusado o debe retirar los cargos. En una larga y elocuente declaración que se extiende a lo largo de los capítulos 29 y 30 del libro bíblico, Job proclama su inocencia. Afirma que nunca menospreció a los pobres, nunca tomó algo que no le pertenecía, nunca se jactó de su riqueza ni se regocijó por el infortunio de un enemigo. Desafía a Dios a que se presente con la evidencia o, caso contrario, admita la inocencia de Job y lo injusto del castigo.

Y Dios aparece.

Del desierto llega una terrible tempestad de arena y Dios habla a Job desde un torbellino. El caso de Job es tan apremiante, su desafío tan poderoso, que el propio Dios en persona decide bajar a la tierra a responderle. Mas la respuesta de Dios es difícil de comprender. En vez de hablar acerca del caso de Job o detallar y explicar sus pecados y sufrimientos, Dios pregunta:

¿Dónde estabas tú cuando yo fundaba la tierra?

Házmelo saber, si tienes inteligencia.

¿Quién ordenó sus medidas, si lo sabes?

¿O quién extendió sobre ella cordel?

¿Quién encerró con puertas el mar?

Y establecí sobre él mi decreto, le puse puertas y cerrojo,

Y dije: Hasta aquí llegarás, y no pasarás adelante.

¿Has entrado tú en los tesoros de la nieve,

O has visto los tesoros del granizo?

¿Sabes tú el tiempo en que paren las cabras monteses?

¿O miraste tú las ciervas cuando están pariendo?

¿Diste tú al caballo la fuerza?

¿Vuela el gavilán por tu sabiduría, y extiende hacia el sur sus alas?

(Job 38, 39)

Ahora un Job diferente responde: "Pondré mano a mi boca. Ya he dicho demasiado; no hablaré más".

En el Libro de Job encontramos probablemente el análisis más completo y amplio que se haya escrito hasta el día de hoy sobre el tema de por qué sufre la gente buena. La magnitud de su grandeza reside en que el autor ha sido escrupulosamente honesto en todos los puntos de vista, incluyendo lo que no comparte. Aunque simpatiza claramente con Job, los discursos de los amigos son tan cuidadosamente elaborados como los de su héroe. Esto da origen a una literatura de gran calidad aunque al mismo tiempo dificulta la comprensión del mensaje. Cuando Dios dice: "¿Cómo te atreves a cuestionar mi manera de dirigir el mundo? ¿Qué sabes tú de dirigir el mundo?", no sabemos si está parafraseando la piedad convencional de la época o poniendo punto final al debate.

Para comprender este libro y sus respuestas, tomemos nota de tres premisas que cada personaje del libro, junto con la mayoría de los lectores, quisiera poder creer:

A. Dios es todopoderoso y es el causante de todo lo que sucede en el mundo. Nada sucede sin que Él así lo desee.

B. Dios es justo y razonable, y favorece que los justos sean premiados y los perversos castigados.

C. Job es una buena persona.

Mientras Job es rico y saludable podemos creer sin dificultad en estos tres postulados. Cuando sufre, pierde sus posesiones, su familia y la salud, nos enfrentamos a un problema. Las tres premisas juntas dejan de tener sentido. Podemos afirmar juntas dos de ellas, pero siempre negando una tercera.

Si Dios es al mismo tiempo justo y poderoso, entonces Job es un pecador que merece su suerte. Si Job es bueno y a pesar de esto Dios le hace sufrir, entonces Dios es injusto. Si Job no merece sufrir, y no fue Dios quien envió su sufrimiento, entonces Dios no es todopoderoso. El libro de Job puede ser analizado como una discusión acerca de cuál de estas tres afirmaciones estamos dispuestos a sacrificar, para continuar creyendo en las dos restantes.

Los amigos de Job están dispuestos a rechazar la proposición C, que Job es una buena persona. Quieren continuar creyendo en Dios tal como les fue enseñado, concibiéndolo como un ser justo que controla el universo. La única forma de hacerlo es convenciéndose a sí mismos de que Job merece su sufrimiento.

Al principio sus amigos deseaban realmente consolarle. Intentaban tranquilizarle citando todas las máximas de la fe y el dogma en las que tanto ellos como Job fueron educados. Intentan consolarle diciéndole que el mundo funciona lógicamente y no es un lugar caótico, sin sentido. Lo que no comprenden es que para que el mundo y el sufrimiento de Job adquieran sentido nos vemos obligados a establecer que Job merece lo que le sucede. Decir que todo funciona perfectamente en el mundo de Dios puede ser reconfortante para el espectador casual, pero es un insulto para el afligido y el desafortunado. Decir a Job que se alegre porque nadie es castigado sin que lo merezca, no es precisamente un mensaje alentador para quien se halla en la situación de Job.

Debemos entender que les resulta difícil decir algo diferente pues ellos creen y desean seguir creyendo en la justicia y poderes divinos. Pero si Job es inocente, entonces Dios debe ser el culpable de hacer sufrir a un hombre inocente. Con esto en juego, les es más fácil dejar de creer en la bondad de Job que en la perfección y justicia de Dios.

También es posible que los que tratan de consolar a Job pierdan objetividad acerca de lo que sucedió a su amigo. Sus pensamientos pueden estar confusos debido a sus propios sentimientos de culpa y alivio porque las calamidades le hayan ocurrido a Job y no a ellos. En alemán, el término psicológico *Schadenfreude* se refiere al sentimiento de alivio que sentimos cuando algo malo le sucede a otra persona en vez de ocurrirnos a nosotros. El soldado en combate que ve morir a su amigo a veinte metros mientras que él sale ileso, el alumno que ve a otro niño meterse en problemas por copiar en un examen... no desean mal a sus semejantes, aunque no pueden dejar de sentir un embarazoso sentimiento de gratitud cuando ven que el mal ha ocurrido a otra persona en lugar de a ellos. Al igual que los amigos que trataban de consolar a Ron o a Helen, oyen una voz en su interior que dice: "Me podía haber pasado a mí". Y tratan de silenciarla diciendo: "No, no es cierto; hay algún motivo por cual esto le sucedió precisamente a él y no a mí".

Podemos ver este mecanismo psicológico funcionando por doquier, en virtud del cual culpamos a la víctima para que el mal no parezca tan irracional y amedrentador. Si los judíos se hubieran comportado de manera diferente, Hitler no los habría exterminado. Si la joven no se hubiera vestido tan provocativamente, el hombre no la habría violado. Si la gente trabajara con más ahínco, no habría pobres en el mundo. Si la sociedad, por medio de la propaganda, no tentara a los pobres a comprar cosas que no se pueden permitir, no habría robos. Culpar a la víctima es una manera de tranquilizarnos, de convencernos de que el mundo no es un lugar tan malo como parece y que existen buenos motivos para justificar el sufrimiento de la gente. Además, también ayuda a la gente afortunada a creer que su buena fortuna es merecida, que no es producto del azar. Hace sentir bien a todos... excepto a la víctima que sufre doblemente, debiendo soportar el abuso de la condena social además del infortunio original. Aunque este enfoque de los amigos de Job puede resolver su propio problema, no soluciona el de Job ni el nuestro.

Job no está dispuesto a sostener la coherencia de un sistema teológico admitiendo que es un malvado; sabe muchas cosas intelectualmente, pero en lo más profundo de sí mismo sabe con certeza que no es una mala persona. Quizá no sea perfecto, pero usando un criterio moral racional, no es mucho peor que los demás. De ahí que no merezca la pérdida de su hogar, sus hijos, su riqueza y la salud, mientras que otras personas pueden conservar todas estas cosas. Además, no está dispuesto a mentir con el solo fin de salvar la reputación de Dios.

La solución de Job es rechazar la proposición B, que afirma la justicia de Dios. Job, de hecho, es un buen hombre, pero Dios es tan poderoso que no está limitado por consideraciones de justicia.

El filósofo puede presentarlo de esta manera: Dios puede elegir ser justo y consecuentemente otorgar lo que una persona merece, castigando al malvado y premiando al justo. ¿Pero podemos decir lógicamente que un Dios todopoderoso debe ser justo? ¿Seguiría siendo todopoderoso si nosotros, viviendo vidas virtuosas, le obligáramos a protegernos y premiarnos? ¿No le estaríamos convirtiendo en una máquina cósmica automática, que al introducir el número correcto de fichas cumple nuestra voluntad (guardándonos el derecho a patearla e insultarla cuando no entrega lo que ya pagamos)? Se dice que un sabio de la antigüedad se regocijó ante la injusticia del mundo diciendo: "Ahora puedo cumplir con la voluntad de Dios por amor a Él y no por interés". Esto quiere decir que una persona puede cumplir con la voluntad divina no para ser recompensada por sus acciones sino por puro amor. Podría amar a Dios aunque no fuera correspondido. Las restricciones que esta respuesta nos impone derivan de que trata de promover la justicia y la igualdad mientras que al mismo tiempo trata de celebrar la grandeza de Dios situándolo más allá de las limitaciones de la justicia y del juego limpio.

Job concibe a Dios tan por encima de las nociones de justicia, que debido a su poder ninguna regla moral le puede ser aplicada. Dios es concebido como un potentado oriental con plenos poderes sobre la vida y las propiedades de sus súbditos. En realidad, la antigua fábula de Job idealiza a Dios como una deidad que aflige a Job sin el menor remordimiento, con el solo fin de poner a prueba su lealtad, y que cree que finalmente Job es indemnizado con creces. El Dios de la fábula, una figura adorada durante generaciones, aparece como un rey antiguo e inseguro que recompensa a sus súbditos no por su bondad sino por su fidelidad.

Job constantemente anhela la existencia de un árbitro que medie entre él y Dios, alguien a quien Dios le rinda explicaciones; aunque cuando se trata de Dios, admite tristemente Job, no existen reglas. "He aquí, arrebatará; ¿quién le hará restituir? ¿Quién le dirá: ¿Qué haces?"? (Job 9:12)

¿Qué piensa Job acerca de su miseria? Job dice que vivimos en un mundo del que no podemos esperar ninguna justicia. Dios existe, pero está libre de las limitaciones de la justicia y la piedad.

¿Qué sabemos acerca del autor del libro? ¿Cuál es su posición ante el enigma de las injusticias de la vida? Como hemos comentado, es difícil escrutar sus pensamientos y la solución que tenía en mente cuando comenzó a escribir el libro. Creemos que la respuesta es enunciada por Dios en su discurso de la tempestad en el clímax del libro. ¿Pero significa esto que Job se conforma con saber que Dios existe, que realmente hay un encargado en el cielo? Job nunca lo dudó. Lo que se ponía en duda era su ecuanimidad y su justicia, no su existencia. ¿Es la respuesta correcta que Dios, por ser tan poderoso, no tiene que rendir cuentas a Job? Esto es precisamente lo que Job reivindica a lo largo de todo el libro. Dios existe y es tan poderoso que no necesita ser justo. Si esto es todo lo que Dios tiene que decir, ¿cuál es la intención del autor al traerle a escena y hacerle pronunciar su discurso? Y, ¿por qué Job es tan apologético de Dios si es obvio que Dios está de acuerdo con él?

¿Está Dios diciendo, como algunos comentaristas sostienen, que tiene otras cosas por las que preocuparse, fuera del bienestar de un ser humano, cuando toma decisiones que afectan nuestras vidas? ¿O está indicando que sólo desde un punto de vista humano tienen importancia la enfermedad, la muerte y la ruina de los negocios? Decir esto es admitir que la moral de la Biblia, con su énfasis en la virtud humana y en la santidad de la vida del individuo, es irrelevante para Dios, y que la caridad, justicia y dignidad del ser humano tienen otro origen. Si esto fuera verdad, muchos de nosotros nos veríamos inclinados a abandonar a Dios y a adorar en su lugar a esa otra fuente de caridad, justicia y dignidad humana.

Permítame sugerir que el autor del libro de Job posiblemente ha asumido una posición que no fue la de Job ni la de sus amigos. Admite la posibilidad de que sean reales tanto la bondad de Dios como la de Job, y está dispuesto a abandonar la premisa A: que Dios es todopoderoso. Las cosas malas no le pasan a la gente buena por voluntad divina. Dios quisiera que cada uno de nosotros recibiera en la vida lo que merece, pero no es capaz de dominar toda la realidad. Obligado a escoger entre un Dios bueno que no es totalmente poderoso, y un Dios todopoderoso que no es totalmente bueno, el autor del libro de Job prefiere creer en la bondad y justicia de Dios.

Las frases más importantes del libro son probablemente aquellas pronunciadas por Dios, en la segunda mitad del discurso de la tempestad, capítulo 40, versículos 9-14:

> *¿Tienes tú un brazo como el de Dios?*
> *¿Y truenas con voz como la suya?*
> *Y quebranta a los impíos en su sitio.*
> *Encúbrelos a todos en el polvo...*
> *Y yo también te confesaré*
> *Que podrá salvarte tu diestra.*

Para mí estas líneas significan: "Si crees que es tan fácil conducir este mundo por el camino cierto y verdadero, si piensas que es tan simple evitar que algunas injusticias ocurran, entonces ¡inténtalo tú!" Dios desea que los justos vivan contentos y en paz, pero a veces no lo consigue. Es muy difícil, incluso para Dios, impedir que algunas de las víctimas del caos y la crueldad sean inocentes. Pero podemos preguntarnos si estaríamos mejor sin Dios.

En el capítulo 41 continúa este discurso donde se describe el combate entre Dios y Leviatán, la serpiente marina. Con gran esfuerzo Dios logra atraparla con una red, clavándole unos anzuelos de pesca. Si la serpiente marina es el símbolo del caos y la maldad, de todas las cosas incontrolables (como lo es tradicionalmente en la mitología antigua), el autor del libro de Job puede estar indicando que Dios mismo tiene problemas para controlar el caos y limitar el daño que la maldad puede causar.

Las personas inocentes sufren en la vida, les suceden cosas peores de las que merecen, pierden sus empleos, enferman, sus hijos sufren o les hacen sufrir a ellos. Sin embargo, cuando sucede una desgracia, esto no significa que Dios las está castigando por algún pecado cometido. Las desgracias no proceden en modo alguno de Dios.

Quizá nos sintamos perdidos al llegar a esta conclusión. Era alentador creer en un Dios sabio y todopoderoso que garantizaba un trato justo y finales felices, que nos consolaba con la certeza de que todo sucedía por algún motivo, así como nuestra vida era más fácil cuando creíamos que nuestros padres eran lo suficientemente sabios y fuertes como para dominar cualquier situación que se presentara. La religión de los amigos de Job daba consuelo, mientras no tomáramos en consideración los problemas de la víctima inocente. Una vez que hemos conocido a Job, que hemos estado en su lugar, no podemos seguir creyendo en esa clase de Dios omnipotente sin abandonar nuestro derecho a enfadarnos, a sostener que la vida nos ha tratado injustamente.

Desde esta perspectiva deberíamos sentir alivio al llegar a la conclusión de que Dios no es el causante de nuestro infortunio. Dios sigue siendo el Dios de la justicia y no del poder, nos queda la esperanza de que Él aún pueda estar de nuestra parte cuando nos pasan cosas malas. Él debe saber que somos gente buena y honesta que merece un destino mejor. Nuestro infortunio no es obra suya y por esta razón podemos acudir a Él buscando ayuda. Nuestro planteamiento no será el de Job: "Dios, ¿por qué me haces esto?" En vez de eso, diremos: "Dios, mira lo que me sucede. ¿Puedes ayudarme?" Dios no estará con nosotros para juzgarnos o absolvernos, para recompensarnos o castigarnos, sino para fortalecernos y confortarnos.

Si fuimos educados como Job y sus amigos, creyendo en un Dios omnipotente, nos será muy difícil —como también lo fue para ellos— cambiar nuestra manera de concebirlo (así como de niños fue duro darnos cuenta de que nuestros padres no eran todopoderosos, que un juguete roto se tiraba a la basura, no porque ellos no quisieran arreglarlo sino porque no podían). Pero si conseguimos aceptar que algunos acontecimientos no pueden ser controlados por Dios, entonces muchas cosas buenas se vuelven posibles.

Entonces podremos dirigirnos a Dios para que nos ayude, en vez de esperar que lleve a cabo obras imposibles de realizar. La Biblia, después de todo, habla de Dios como el protector del pobre, de la viuda y del huérfano sin cuestionar por qué estas personas empobrecieron, enviudaron o perdieron sus padres.

Podemos mantener el respeto que nos debemos a nosotros mismos y al tiempo el sentido de justicia, sin tener que sentir que Dios nos juzgó y condenó. Podremos enojarnos con lo sucedido, sin sentir que estamos enojados personalmente con Dios. Es más, podemos asumir que nuestro enojo ante las injusticias de la vida y nuestra compasión instintiva al ver sufrir a la gente provienen de Dios, que nos enseña a enojarnos con la injusticia y a sentir compasión por las personas afligidas. En vez de sentirnos enfrentados a Dios, podemos sentir que nuestra indignación es la ira de Dios frente a la injusticia canalizada a través nuestro. Que cuando lloramos, seguimos estando de parte de Dios y Dios sigue estando de la nuestra.

Tres

A veces no hay motivo

Una tarde, al final de una conferencia sobre teología, una mujer me dijo que puesto que las malas cosas que nos suceden son producto de la mala suerte y no de la voluntad de Dios, ¿cuál es el origen de la mala suerte? Respondí instintivamente que no hay nada definido que origina la mala suerte, que esta se manifiesta sin motivo. Pero en ese momento sospeché que la respuesta no debía ser tan simple.

Ésta es quizá la idea filosófica clave para entender lo que sugiero en este libro. ¿Puede aceptar la idea de que las cosas suceden sin motivo, que en el universo los hechos ocurren al azar? Algunas personas no pueden resignarse a esta idea, buscan conexiones tratando desesperadamente de encontrar sentido a todo lo que ocurre. Se convencen a sí mismos de que Dios es cruel, o que son pecadores, antes de aceptar que las cosas suceden al azar. A veces, cuando logran descubrir un sentido al noventa por ciento de la realidad, suponen que el diez por ciento restante también tiene explicación, aunque no alcancen a comprenderla. Pero, ¿por qué todo tiene que ser razonable? ¿Por qué todo ha de ocurrir por una razón específica? ¿Por qué no podemos aceptar que el universo posee algunas imperfecciones?

Puedo entender, más o menos, por qué un hombre enloquece de repente, toma un arma y corre hacia la calle disparando sobre gente que no conoce personalmente. Quizá sea un veterano del ejército, acosado por recuerdos de lo que ha visto y hecho en combate. Quizá en su hogar o en su trabajo ha encontrado más frustración y humillación de las que ha podido soportar. Ha sido denigrado, tratado como alguien a quien no hay que tomar en serio, hasta que hierve de rabia y decide: "Les voy a enseñar quién soy yo".

Tomar un arma y disparar sobre personas inocentes constituye un acto irracional, mas puedo comprenderlo. Lo que no consigo entender es por qué la señora Smith se encontraba en ese momento en la calle, mientras que la señora Brown decidió entrar en una tienda y así salvó su vida; o por qué el señor Jones estaba cruzando la calle, presentando un blanco perfecto para el tirador demente, mientras que el señor Green, que nunca toma más de una taza de café en el desayuno, decidió tomar una más y así estaba todavía en su hogar cuando comenzó el tiroteo. Las vidas de decenas de personas están afectadas por decisiones triviales e impensadas como éstas.

Puedo comprender que los días cálidos y secos, las semanas sin lluvia, incrementan la posibilidad de que se produzcan incendios forestales; que una chispa, una cerilla, o la luz del sol concentrada sobre un cristal, provoquen un siniestro en el bosque. Entiendo que el curso del fuego estará determinado por la dirección del viento. Mas, ¿existe alguna razón por la cual el viento y el clima se combinan para dirigir un día concreto el fuego a ciertos hogares en lugar de a otros, atrapando a algunas personas mientras que otras se salvan? ¿O es simplemente una cuestión de suerte?

Cuando un hombre y una mujer hacen el amor, el hombre eyacula decenas de millones de espermatozoides, cada uno los cuales lleva consigo un conjunto diferente de características biológicas hereditarias. Ninguna inteligencia moral decide cuál de esos millones fertilizará al óvulo. Alguno de estos espermatozoides puede ser el causante de que un niño nazca con alguna deficiencia o con alguna enfermedad mortal. Otros no sólo le darán buena salud, sino también dotes musicales, o atléticas, o inteligencia creativa. La vida del niño, la de sus padres y sus parientes estarán profundamente afectadas por el resultado aleatorio de esa carrera.

A veces pueden quedar afectadas muchas más vidas. Robert y Susanne Massie, padres de un hijo hemofílico, leyeron —como muchos otros padres de niños que sufren esta dolencia— todo lo que pudieron encontrar sobre la enfermedad de su niño; entre otras cosas se enteraron de que el hijo único del último Zar de Rusia sufría de hemofilia. En su libro *Nicolás y Alejandra,* Robert especuló acerca de la posibilidad de que la enfermedad del hijo del Zar, resultado de la unión de un espermatozoide "equivocado" con un óvulo "equivocado", pudiera haber trastornado a la familia real, afectando su capacidad de gobernar y trayendo consigo la revolución bolchevique. Este autor sugirió que la nación más poblada de Europa podría haber cambiado su forma de gobierno, afectando la vida de cada uno de nosotros en este siglo, debido a un acontecimiento genético casual.

Algunas personas encontrarán la mano de Dios detrás de cada acontecimiento. Visité a una mujer que convalecía en el hospital después de que su automóvil fuera embestido por un conductor ebrio. El vehículo quedó totalmente destruido, pero milagrosamente la mujer escapó con sólo dos costillas fracturadas y unos cuantos cortes superficiales. Desde su cama en el hospital me miró y me dijo:

—Ahora sé que Dios existe. Si logré salir con vida debe ser porque Él me protege desde ahí arriba.

Sonreí y callé, corriendo el riesgo de que pensara que estaba de acuerdo con ella (¿qué rabino se opondría a la fe en Dios?), ya que no era el momento adecuado ni el lugar apropiado para dar una conferencia sobre teología. Pero al mismo tiempo recordé un servicio fúnebre que había dirigido yo semanas atrás, por un joven marido y padre de familia que falleciera en un accidente similar. También me acordé del caso de un niño que fue atropellado cuando patinaba por la calle y de todas las vidas perdidas en accidentes automovilísticos sobre las que nos informan los periódicos. La mujer del hospital puede creer que está con vida porque Dios así lo dispuso, y no me inclino a convencerla de lo contrario, pero ¿qué podemos decirles a las otras familias? ¿Que sus vidas tenían menos valor? ¿Que Dios quería que murieran en ese momento y en esa forma en particular, y que decidió no salvar sus vidas?

¿Recuerda nuestra discusión acerca del libro *El puente de San Luis Rey* de Thornton Wilder, en el primer capítulo?

Cuando cinco personas mueren al caer en un abismo, el Hermano Junípero investiga sus vidas y llega a la conclusión de que ellos "habían concluido una fase muy importante" de su existencia. Se inclina a concluir que el rompimiento de las cuerdas del puente no fue casual sino un aspecto de la providencia divina. No existen los accidentes. Mas cuando las leyes de la física y la fatiga del material provocan la caída del ala de un avión, o cuando la negligencia humana da como resultado un fallo en el motor, ¿podemos decir que estas doscientas personas estaban en el avión por voluntad de Dios? Si el pasajero número doscientos uno perdió el vuelo al pinchársele un neumático en el camino al aeropuerto, y maldijo su suerte al ver que el avión partía sin él, ¿sigue con vida por la voluntad de Dios mientras que los otros murieron? Si así fuera, debo preguntarme qué clase de mensaje nos estará enviando Dios, con sus actos aparentemente arbitrarios de salvación y condena.

En abril de 1968, cuando Martin Luther King Jr. murió asesinado, muchos dijeron que ya había superado la cúspide de su carrera de líder. Muchas personas aludieron al discurso que pronunció la noche anterior a su muerte, en el que dijo que, como Moisés, "ya había visitado la cima de la montaña y observado la Tierra Prometida", profetizando que moriría antes de poner los pies en ella. Antes que aceptar su muerte como una tragedia sin sentido, mucha gente, al igual que el Hermano Junípero de Wilder, piensa que Dios acabó con la vida de Martin Luther King en el momento justo, para salvarle de la agonía de verse convertido en un "ex", en un profeta repudiado. Nunca podré aceptar un razonamiento de esa índole. Prefiero creer que Dios no sólo se preocupa por la personalidad de un líder negro, sino también por las necesidades de decenas de millones de hombres, mujeres y niños de esta raza. Sería difícil explicar en qué forma sus vidas mejoraron con el asesinato del doctor King. ¿Por qué no podemos reconocer que su muerte es una afrenta para Dios tanto como para nosotros, y un desvío de sus objetivos en vez de forzar nuestra imaginación para encontrar las huellas digitales de Dios en el arma del crimen?

Los soldados en combate disparan sus armas hacia un enemigo anónimo, sin rostro, sabiendo que no pueden dejarse distraer pensando que el soldado que se encuentra del otro lado quizá sea una persona agradable y decente, con una familia amorosa y una carrera prometedora esperándole en casa. Entienden que su bala no tiene conciencia, que un proyectil de mortero no discrimina entre aquéllos cuya muerte constituirá una tragedia y aquéllos a los que nadie llorará. Por esta razón los soldados desarrollan un cierto fatalismo acerca de su suerte, hablando de la bala que lleva su nombre, o de que su número está listo para ser sorteado, antes que calcular si merecen morir o no. Por este motivo el ejército no destina a tareas de combate al hijo único de una viuda, pues el ejército comprende que no puede confiar en que Dios decidirá razonablemente, ya que incluso en la Biblia se estableció hace mucho tiempo que un soldado recién casado o con su hogar recién construido debe volver a casa, para evitar la posibilidad de que muera en combate antes de haber gozado de ellos. Los antiguos israelitas, a pesar de su profunda fe, no podían confiar en que Dios impondría un patrón moral aceptable acerca de dónde debe caer cada flecha.

Preguntémonos otra vez: ¿existe siempre un motivo o algunos hechos ocurren al azar, sin causa alguna?

"Al principio —dice la Biblia— creó Dios los cielos y la tierra. La tierra estaba confusa y vacía, y las tinieblas cubrían la haz del abismo". Dios comenzó su creación del caos, clasificando, poniendo orden donde antes sólo había confusión. Separó la luz de las tinieblas, la tierra del cielo, el terreno seco del mar. Éste es el significado de la creación: no es hacer algo de la nada, sino poner orden en el caos. Un científico o un historiador creativos no inventan hechos sino que los ordenan. Un escritor creativo no crea nuevas palabras, sino que ordena palabras conocidas de forma que nos digan algo nuevo.

De la misma manera Dios creó un mundo cuyo principio fundamental era el orden, un mundo que fuera predecible, en vez del caos inicial: amaneceres y puestas del sol regulares, corrientes marinas periódicas, plantas y animales que se reproducen a sí mismos, cada uno a imagen de su propia especie. En el final del sexto día Dios acabó de crear el mundo y el séptimo día descansó.

Pero supongamos que Dios no acabó totalmente su obra en el atardecer del sexto día. Hoy sabemos que el mundo necesitó miles de millones de años para adquirir forma, no seis días. La historia de la creación en el Génesis es muy importante y significativa, pero la afirmación de que el mundo fue creado en seis días no debe ser tomada al pie de la letra. Supongamos que la creación, el proceso de poner orden en el caos, aún continúa. ¿Qué significaría esto? En la metáfora bíblica de los seis días de la creación, nos encontraríamos en la mitad de la tarde del viernes. El hombre fue creado hace unas "horas". El mundo es en su mayor parte un lugar en el que reina el orden, demostrando claramente el esmero y la habilidad de Dios, aunque queden algunos reductos de caos. Casi todo el tiempo los acontecimientos del universo se guían por leyes naturales firmes. Pero de vez en cuando suceden cosas que no contradicen las leyes naturales, sino que se encuentran fuera de ellas. Pasan cosas que de la misma manera podrían haber sucedido de un modo diferente.

Mientras escribo estas líneas, escucho en la televisión las noticias del huracán que asola el Caribe. Los meteorólogos no pueden predecir si se dirige en dirección al mar o hacia áreas pobladas de la costa de Texas y Louisiana. La mente bíblica contempló el terremoto que asoló Sodoma y Gomorra como una forma en la que Dios castigó a la población de estas ciudades por su depravación. Algunos pensadores medievales y victorianos consideraron la erupción del Vesuvio y la destrucción de Pompeya como un modo de poner fin a una sociedad inmoral. Incluso en la actualidad algunos interpretan los terremotos en California como la manera en que Dios expresa su disgusto con los presuntos excesos de los homosexuales de San Francisco o de los heterosexuales de Los Ángeles. Pero la mayoría de nosotros consideramos que un huracán, un terremoto o un volcán no tienen conciencia. No me arriesgaría a predecir el curso de un huracán basándome en el conocimiento de cuáles son las comunidades que merecen ser castigadas o salvadase.

Un cambio en la dirección del viento o el movimiento de una placa tectónica puede causar que un huracán o un terremoto se dirija hacia una zona poblada, en lugar de hacerlo hacia una banda de tierra deshabitada. ¿Por qué? Un cambio repentino en las pautas del clima hace que llueva mucho o muy poco sobre la superficie cultivada de una granja con lo que se puede perder la cosecha de todo un año. Un conductor ebrio dirige su automóvil hacia el centro de la autopista y choca contra el coche verde en vez de hacerlo contra el automóvil rojo que viene un poco después. Un tornillo del motor de un avión se rompe en el vuelo 205 en vez de en el 209, infringiendo una tragedia a un grupo aleatorio de familias en vez de a otro. No hay ningún mensaje en esto. No hay ninguna razón para que unas personas en particular sean afectadas en vez de otras. Estos hechos no reflejan las decisiones de Dios. Suceden al azar y el azar no es sino otro nombre para designar al caos en esos rincones del universo en que la luz creadora de Dios aún no ha penetrado. El caos es pernicioso. No está equivocado, ni es malévolo, pero no por eso es menos dañino, porque al provocar tragedias al azar impide que la gente crea en la bondad de Dios.

Una vez le pregunté a un amigo mío, físico famoso, si desde el punto de vista científico el mundo se está volviendo un lugar más ordenado, si con el tiempo la incidencia del azar como factor está creciendo o disminuyendo. Me respondió citando la segunda ley de la termodinámica, la ley de la entropía: todo sistema cerrado tiende a aproximarse al equilibrio. Me explicó que esto quiere decir que el mundo se está volviendo un sitio cada vez más impredecible, en el que habrá más cosas que sucedan de forma aleatoria. Piense en unas canicas dentro de un frasco, ordenadas según su tamaño y color. Cuanto más sacudimos el frasco, más imprevisible será la ubicación de las canicas hasta que sólo por coincidencia encontramos juntas dos canicas del mismo color. Mi amigo me dijo que esto es lo que le está sucediendo al mundo. Un huracán puede dar la vuelta y dirigirse al mar eludiendo las ciudades de la costa, pero sería un error concluir que existe en ello un propósito determinado. A lo largo del tiempo algunos huracanes desaparecerán hacia el mar sin causar daño, mientras que otros se dirigirán a zonas pobladas sembrando la devastación a su paso. Mientras más esfuerzos dedicamos a comprender tales fenómenos, más difícil es hallar una pauta común.

Le confesé que había esperado una respuesta diferente. Deseaba oír el equivalente científico al primer capítulo de la Biblia, que me asegurara que con cada "día" que transcurre, el reino del caos tiende a disminuir y que el universo se va transformando en un lugar más ordenado. Me contestó que, si eso me hacía sentirme mejor, también Albert Einstein se había enfrentado al mismo problema. Einstein se sentía incómodo con la física cuántica y durante años trató de refutarla porque se basa en la hipótesis de que las cosas ocurren de forma aleatoria. Einstein prefería creer que "Dios no juega a los dados con el universo".

Quizá Einstein y el Libro del Génesis estén en lo cierto. Es posible que un sistema *cerrado* tienda a ser aleatorio. Pero también es posible que nuestro mundo no sea un sistema cerrado. Quizá exista un impulso creador que actúe sobre él, el espíritu de Dios flotando sobre aguas oscuras, ocupado miles de años por poner orden en el caos. Puede llegar a ocurrir que, al producirse la evolución del mundo el "viernes por la tarde" hacia el Gran Sabbath, que es el Fin de los Días, la influencia del malévolo azar disminuya.

O también es posible que Dios ya hubiera completado su trabajo de creación hace miles de años, dejándonos el resto a nosotros. El caos residual, el azar, las cosas que suceden sin motivo, seguirán sucediendo. Se trata quizá del tipo de mal identificado por Milton Steinberg como "los andamios que aún no han sido removidos del edificio en construcción de la creación de Dios". De ser ésta la situación, tendremos que aprender a vivir con ella, sostenidos y consolados por el conocimiento de que el terremoto o el accidente, el asesinato y el robo, no son la voluntad de Dios, sino que representan aquel aspecto de la realidad que se mantiene independientemente de su voluntad, y que entristece e irrita a Dios como nos entristece e irrita a nosotros mismos.

Cuatro

La gente encantadora
no está exenta

Una vez me contaron la historia de un niño que asistía a unas clases de religión en que le enseñaron la historia bíblica del cruce del Mar Rojo. Al regresar, su madre le preguntó qué había aprendido en clase y el niño le respondió:

—Los israelitas salieron de Egipto perseguidos por el faraón y su ejército. Llegaron al Mar Rojo y no pudieron cruzarlo. El ejército egipcio se acercaba y entonces Moisés tomó su *walkie-talkie*, la aviación israelí bombardeó a los egipcios, y la marina israelí construyó un puente flotante para que la gente pudiera cruzar.

La madre se quedó aterrada:

—¿Así te contaron la historia?

—No, mamá —admitió el niño—, pero si te la contara como nos la contaron a nosotros no te la creerías.

Hace muchos siglos, la gente reforzaba su fe en Dios escuchando historias milagrosas. Esas historias podían relatar la separación de las aguas del Mar Rojo, o a Dios enviando lluvia como respuesta a los rezos de un hombre piadoso; hablaban de ríos cuyos cursos eran invertidos, o mostraban al sol dando vueltas en dirección opuesta. También se relataba la historia de Daniel emergiendo ileso de la caverna de los leones, y a Shadraj, Meshaj, y Abednego, sobreviviendo al terrible horno. Todos estos relatos tratan de demostrar que Dios se preocupa tanto por nosotros, que está dispuesto a suspender las leyes de la naturaleza con el solo fin de proteger a sus favoritos.

Nosotros somos como el niño de la historia que asiste a la clase de religión. Nos cuentan estos relatos y nos mantenemos escépticos, y es precisamente en la inmutabilidad de las leyes de la naturaleza donde encontramos pruebas de la existencia de Dios. Dios nos ha dado un mundo maravilloso, preciso, ordenado, que debe su habitabilidad a que las leyes de la naturaleza son precisas, fiables y siempre funcionan de la misma manera. Tomemos, por ejemplo, la ley de la gravedad: los objetos pesados siempre caen en dirección a la tierra de modo que un albañil puede construir una casa sin que se le vuelen los materiales. También tenemos la química: mezclando ciertos elementos en las proporciones correctas, obtenemos siempre los mismos resultados. Así, un médico puede recetar un medicamento conociendo el resultado con anticipación. Además, podemos pronosticar el amanecer y el atardecer de un determinado día. Y hasta podemos saber con exactitud cuándo la luna ocultará ciertas áreas del sol, causando un eclipse. Para la gente de la antigüedad un eclipse representaba un hecho sobrenatural que interpretaban como una advertencia enviada por Dios. Hoy en día, para nosotros, representa un hecho perfectamente natural, que nos recuerda la precisión del universo que Dios nos ha dado.

El cuerpo humano constituye un milagro, no porque desafíe las leyes de la naturaleza, sino precisamente porque las obedece. Nuestro aparato digestivo extrae sustancias nutritivas de la comida. La piel nos ayuda a regular la temperatura del cuerpo por medio de la transpiración. Las pupilas de nuestros ojos se expanden y se contraen, respondiendo a la luz. Incluso cuando caemos enfermos, nuestros cuerpos poseen mecanismos de defensa que luchan contra la enfermedad. Todas estas cosas maravillosas ocurren generalmente sin que seamos conscientes de ellas, de acuerdo con las más precisas leyes de la naturaleza. Esto, y no la legendaria separación de las aguas del Mar Rojo, constituye el verdadero milagro.

Pero el carácter inalterable de estas leyes, que hacen posible la medicina y la astronomía, también causa problemas. La gravedad hace caer los objetos. A veces, éstos caen sobre la gente y la lastiman. La gravedad también puede hacer que la gente caiga de las ventanas o de las montañas. En otras ocasiones la gravedad nos hace resbalar en el hielo o hundirnos en el agua. Todo esto significa que no podemos vivir sin gravedad y que, al mismo tiempo, tenemos que vivir con los peligros que causa.

Las leyes de la naturaleza nos tratan a todos del mismo modo. No exceptúan a la gente útil o simpática. Si un hombre entra en una casa habitada por alguien que sufre de una enfermedad infecciosa corre el riesgo de contagiarse. No importa cuál sea el motivo por el que se encuentra en la casa. Tal vez sea médico o ladrón: los gérmenes de la enfermedad no hacen distinciones. Cuando Lee Harvey Oswald disparó sobre el presidente John Kennedy, en el momento en que apretó el gatillo, el destino quedó en manos de las leyes de la naturaleza. El hecho de que John Kennedy fuera una buena persona, o que el mundo pudiera mejorar o empeorar con su muerte, no afectó el curso de la bala ni la gravedad de la herida.

Las leyes de la naturaleza no exceptúan a la gente encantadora. Una bala no tiene conciencia; tampoco un tumor maligno o un automóvil que pierde el control. Éste es el motivo por el cual la gente buena enferma y sufre daños como cualquier otra. No importa qué historias nos hayan contado sobre Daniel o Jonás en la clase de religión, Dios no interrumpe las leyes de la naturaleza para proteger a los justos. Ésta es otra de las causas por las cuales, a veces, a la gente buena le pasan cosas malas, cosas que Dios no provoca ni puede detener.

Y realmente, ¿cómo podríamos vivir en este mundo si así lo hiciera? Supongamos hipotéticamente que Dios se propone no dejar que nada malo le ocurra a una persona buena y piadosa. Que si un Oswald le dispara al presidente, sin importar cuán cuidadosamente apunte el arma, Dios hace que la bala no dé en el blanco; que si se rompe un ala del avión presidencial, Dios hará que aterrice con éxito, ¿viviríamos en un mundo mejor si ciertas personas, por gracia divina, fueran inmunes a las leyes de la naturaleza, mientras que el resto de nosotros tenemos que arreglárnoslas como podamos?

Supongamos que yo fuera uno de los justos a quien Dios protege, debido a que soy una persona observante, caritativa, con una familia joven y que paso mi vida ayudando a los necesitados. ¿Qué significaría esto? ¿Podría salir en mangas de camisa un día frío, sin enfermarme, ya que Dios no permitiría que las fuerzas de la naturaleza me causaran daño alguno? ¿Podría cruzar una avenida con el semáforo en rojo y salir ileso? ¿O podría saltar de una ventana cuando tengo demasiada prisa para tomar el ascensor? Un mundo en el cual la gente buena sufre de los mismos peligros naturales que los demás ya es problemático. Pero un mundo en el que la gente buena fuera inmune a las leyes de la naturaleza lo sería todavía más.

Las compañías de seguros se refieren a los terremotos, huracanes y otros desastres naturales con el término "actos de Dios". Opino que están tomando el nombre de Dios en vano. No puedo creer que un terremoto que mata a miles de víctimas inocentes sin razón sea un acto de Dios. Es obra de la naturaleza. La naturaleza es moralmente ciega, carece de valores y marcha siguiendo sus propias leyes, sin importarle quién se encuentra en su camino. Pero Dios no es moralmente ciego. Si lo fuera no podría adorarle. Dios está de parte de la justicia, de la equidad, de la compasión. Para mí, el terremoto no es un "acto de Dios". El acto de Dios es el coraje que tienen las personas para reconstruir sus vidas después del terremoto, para ayudar a sus semejantes en todo lo posible.

Cuando un puente se derrumba, cuando un dique se desploma, cuando el ala de un avión se rompe y mueren cientos de personas, no puedo ver en eso un acto de Dios. No puedo creer que Dios quisiera que toda esa gente muriera en ese momento, o que deseara que sólo perecieran algunos de ellos y no le quedó más remedio que condenar también a los demás. Creo que todas estas calamidades son obra de la naturaleza y no hay razón moral alguna para que esas víctimas en particular hayan sido señaladas para sufrir el castigo. Aplicando la inteligencia que Dios nos dio, tal vez algún día podamos conocer los procesos físicos que se esconden detrás de los terremotos, los huracanes y la fatiga de los materiales, y así lograríamos anticiparlos y quizá hasta prevenirlos. Cuando esto ocurra, la cantidad de gente inocente que caiga víctima de los llamados "actos de Dios" será menor.

No conozco el motivo por el cual algunas personas enferman, mientras que otras permanecen sanas, pero sólo puedo suponer que ocurre debido a la acción de ciertas leyes naturales que están más allá de mi comprensión. No puedo creer que Dios envíe una enfermedad a una persona específica por un motivo determinado. Tampoco puedo creer en un Dios que distribuye semanalmente su cuota de tumores malignos y terremotos, que consulta en su computadora para saber quién se los merece más o puede soportarlos mejor. "¿Qué hice para merecer esto?" Éste es un grito comprensible por parte de una persona enferma que sufre, pero es una pregunta equivocada. No enfermamos o sanamos por decreto divino. Sería mejor que nos preguntáramos: "Si esto me ha sucedido a mí, ¿qué hago ahora, a quién puedo pedir ayuda?" Como vimos en el capítulo anterior resulta más fácil considerar seriamente que Dios es la fuente de los valores morales si no le cargamos la responsabilidad por todas las injusticias que suceden en el mundo.

Aunque quizá sería mejor plantear nuestra pregunta de

otra manera. En lugar de preguntarnos por qué tanto la gente buena como la mala tienen que sufrir las mismas leyes de la naturaleza, preguntémonos por qué existe el sufrimiento en general. ¿Por qué enferma la gente? ¿Por qué tienen que sentir el dolor? ¿Por qué mueren las personas? Si Dios planeó el mundo para nuestro máximo beneficio, ¿por qué no creó leyes naturales inmutables que no dañen ni a las buenas ni a las malas personas?

—Buen Dios, ¿cómo podemos reverenciar a un Ser Supremo que cree necesario incluir la caries y la caída de los dientes en su sistema divino de la creación? ¿Por qué razón creó el dolor?

—¿Dolor? —la esposa del teniente Shiesskopf se arrojó sobre la palabra con un grito de victoria—. El dolor es un síntoma útil. El dolor nos advierte de los peligros físicos.

—¿Y quién creó los peligros? —preguntó Yossarian—. ¿Por qué no podía haber usado una campanilla, o uno de sus coros celestiales? ¿O un sistema de luces de neón azules y rojas, situado en la frente de cada persona?

—La gente parecería estúpida, caminando con tubos de neón en el centro de la frente.

—En cambio parecen maravillosos cuando se les ve retorcerse de dolor, ¿verdad?

JOSEPH HELLER, *Trampa-22*

¿Por qué sentimos dolor? Aproximadamente uno de cada 400.000 bebés que nacen está destinado a vivir una vida breve y penosa que ninguno de nosotros envidiaría, una vida en la cual se lastimará frecuentemente, a veces muy seriamente sin saberlo. Ese niño sufre de una enfermedad genética muy rara, conocida como disautonomía familiar. No puede sentir dolor. Un niño que sufre de esta enfermedad puede cortarse, quemarse, caerse y romperse un hueso, sin saber que algo malo ha sucedido. No se quejará del dolor de garganta o de estómago, y sus padres nunca sabrán que el niño está enfermo hasta que sea demasiado tarde.

¿A quién de nosotros le gustaría vivir de esta forma, sin sentir dolor? Es una parte desagradable pero necesaria de nuestra existencia. El escritor Joseph Heller utiliza a Yossarian, su héroe, para burlarse de este argumento, pero, de hecho, el dolor es el medio por el cual la naturaleza nos avisa que estamos cometiendo algún exceso, que alguna parte de nuestro cuerpo no funciona como corresponde, o que le estamos exigiendo más de lo que está capacitado para hacer. Piense en las historias que leyó sobre deportistas o atletas que terminaron prematuramente sus carreras, quedando a veces inválidos para siempre debido a que se esforzaron en ignorar el dolor, o tomaron drogas que los insensibilizaron, sin afectar el origen del dolor. Piense en las personas que tuvieron que ser internadas de urgencia en el hospital porque ignoraron las señales de advertencia de un dolor leve, pensando que era pasajero.

Sentimos dolor cuando forzamos nuestros músculos

más de lo que pueden soportar. Sentimos un dolor que nos hace retirar la mano de un objeto caliente antes de quemarnos seriamente. El dolor nos señala que algo no funciona correctamente en esa complicada máquina que es nuestro organismo. Podemos pensar, equivocadamente, que el dolor es una de las formas en que Dios nos castiga, evocando tal vez el modo en que nuestros padres nos castigaban cuando éramos niños, y asumiendo que todas las cosas desagradables que nos suceden son castigos. A pesar de todo, el dolor no representa un castigo divino sino la forma en que la naturaleza advierte, tanto a las buenas como a las malas personas, que algo no funciona correctamente. El dolor puede amargarnos la vida. Alguien dijo que una persona con dolor de muelas no puede apreciar la belleza de la naturaleza cuando pasea por el bosque. Pero la vida sería peligrosa, tal vez imposible, si no existiera el dolor.

Pero el tipo de dolor provocado por una quemadura o la fractura de un hueso sigue siendo una respuesta a nivel animal. Los animales sienten este tipo de dolor igual que nosotros. No es necesario tener alma para sentir dolor cuando un objeto cortante se clava en nuestra carne. Pero existe otro nivel de dolor que sólo podemos sentir los seres humanos. Únicamente los seres humanos pueden encontrar un significado en su dolor.

Considere lo siguiente: los científicos han descubierto métodos para medir la intensidad del dolor. Llegaron a la conclusión de que una jaqueca es más dolorosa que una herida leve en la rodilla. Y determinaron que los dolores más fuertes que puede sentir un ser humano son los del parto y los provocados por la expulsión de un cálculo renal. Desde un punto de vista puramente físico ambos casos son, en intensidad, igualmente dolorosos y casi no existe nada peor. Pero desde el aspecto puramente humano, ambos son muy diferentes. El dolor provocado por la expulsión de un cálculo renal es inútil, es el resultado del mal funcionamiento de nuestro organismo, en tanto que el dolor del parto cumple una función creador. Es un dolor al que podemos encontrarle un significado, un dolor que da vida, que nos conduce a algo. Ésta es la razón por la que una persona que expulsa un cálculo renal afirma que daría cualquier cosa por no volver a sentir ese dolor, mientras que una mujer que ha dado a luz un bebé, así como un corredor o un alpinista que se han esforzado por alcanzar su meta, pueden trascender su dolor y pensar en repetir la experiencia.

El dolor es el precio que pagamos por estar vivos. Las células muertas, como el pelo o las uñas, son inmunes al dolor; no pueden sentir nada. Una vez comprendida esta idea, nuestra pregunta cambiará de por qué tenemos que sentir dolor, a qué podemos hacer para dar sentido a nuestro dolor y que no sea un sufrimiento en vano. ¿Cómo podemos transformar las experiencias dolorosas de nuestra vida en dolores de parto o de crecimiento? Aunque quizá nunca comprendamos la causa de nuestro sufrimiento ni podamos controlar las fuerzas que lo causan, aún nos queda mucho por decir sobre cómo nos afecta el sufrir y en qué clase de personas nos convierte. El dolor transforma a alguna gente en amargada y envidiosa; a otra en sensible y compasiva. Es el resultado, y no la causa, del dolor el que hace que ciertas experiencias dolorosas sean significativas, y otras vacías y destructivas.

¿Por qué creó Dios un mundo en el que existe la enfermedad? No sé por qué la gente enferma, a veces mortalmente. Sólo sé que las enfermedades son causadas por un germen o un virus (o al menos confío en lo que dicen los médicos a quienes tomo por gente honrada, incapaces de engañarme, aunque yo no haya visto nunca un germen ni un virus). Sospecho que la gente enferma cuando se siente deprimida, rechazada, y no tiene fe en el futuro. Sé que las personas se recuperan más fácilmente de una enfermedad cuando saben que alguien se preocupa por ellas y cuando tienen algo por lo que seguir adelante. Pero no tengo una buena respuesta al por qué nuestros cuerpos son vulnerables a los gérmenes, virus y tumores malignos. Entiendo que las células que forman nuestro cuerpo mueren constantemente y son reemplazadas. Esto posibilita nuestro crecimiento y hace que crezca nueva piel que sustituya a la que se va gastando y estropeando. Entiendo que cuando un cuerpo extraño invade nuestro organismo ponemos en funcionamiento nuestros mecanismos de defensa para combatirlo y esto a veces nos provoca fiebre. También comprendo que para que podamos caminar, nuestros huesos deben ser suficientemente livianos y flexibles, aunque deban ser frágiles y a veces puedan romperse bajo fuerte presión. Por consiguiente, el hecho de que un joven se pueda quedar paralizado a causa de una herida en la columna vertebral producida por un accidente que no fue responsabilidad suya constituye un hecho terriblemente trágico, pero con leyes naturales comprensibles.

A medida que vamos aprendiendo cada vez más sobre el funcionamiento del cuerpo humano, a medida que vamos entendiendo cada vez más las leyes naturales que rigen el mundo, hemos obtenido algunas respuestas. Hemos llegado a comprender que no podemos abusar indefinidamente de nuestros cuerpos y descuidar nuestra salud sin incrementar el riesgo de que algo comience a funcionar mal. Nuestros cuerpos son muy sensibles. Tienen que serlo, para que hagan todo lo que les pedimos. El hombre que fuma dos cajetillas de cigarrillos diarias durante veinte años y que desarrolla un cáncer de pulmón, se enfrenta a problemas que merecen toda nuestra simpatía, mas no tiene fundamentos para preguntar cómo pudo Dios hacerle eso. Una persona que pesa considerablemente más de lo debido y cuyo corazón bombea sangre a través de kilómetros de arterias obstruidas con células de grasa, deberá pagar el precio que ocasiona este exceso de tensión a su organismo y no tendrá excusas para quejarse a Dios. Ni tampoco las tendrán el médico, el sacerdote, ni el político, que trabajan en la más noble de las causas, pero que se olvidan de preocuparse por su propia salud.

Pero ¿por qué existe el cáncer? ¿Por qué la ceguera, la diabetes, la hipertensión y las enfermedades renales? ¿Por qué enferman nuestros cuerpos espontáneamente, cuando no han sido afectados por malos hábitos de salud? Decir que el retraso mental es el resultado de un cromosoma deficiente es dar una explicación que no explica realmente nada. ¿Por qué los cromosomas se vuelven deficientes? ¿Por qué el potencial de felicidad en la vida de una persona puede depender de ello?

No tengo una respuesta satisfactoria a estas preguntas. La mejor que puedo ofrecer es señalar que el hombre de hoy es solamente el último eslabón de una lenta y larga cadena evolutiva. Hace mucho tiempo los únicos seres vivos en el mundo eran las plantas. Luego aparecieron animales anfibios; después de éstos vinieron animales más complejos, y finalmente, el hombre. Mientras la vida evolucionó de lo simple a lo complejo retuvimos y heredamos algunas de las debilidades de aquellas antiquísimas formas. Al igual que las plantas, nuestros cuerpos se mantuvieron vulnerables a las heridas y al deterioro. Como los animales, enfermamos y morimos. Pero la muerte de una planta no constituye ninguna tragedia y, al mismo tiempo, los animales nos aventajan en algo importante. Cuando algo funciona mal en el cuerpo de un animal, cuando algo se rompe, dejándolo débil y tullido, no existen muchas probabilidades de que se aparee y transmita sus defectos a la próxima generación. De esta manera, los rasgos defectuosos desaparecen y la próxima generación será, probablemente, más grande, más fuerte y más sana.

Los seres humanos no funcionan de esta forma. Una persona que padece diabetes u otra enfermedad hereditaria pero que es una persona agradable y sensible, contraerá matrimonio y tendrá hijos. Nadie le negará ese derecho. Pero con el tiempo traerá niños al mundo con una probabilidad mayor que la habitual de que algo no funcione bien en sus organismos.

Considere la siguiente secuencia de acontecimientos: en la sala de partos nace un bebé con un defecto congénito del corazón o con algún que otro problema oculto en los genes de sus padres que amenaza su vida. Si el bebé muriera poco después del nacimiento, sus padres volverían a su casa tristes y deprimidos, preguntándose qué podría haber llegado a ser aunque después de un tiempo la pérdida quedará atrás y comenzarán a pensar en el futuro.

Pero tal vez el niño no muera. Quizá sobreviva gracias a los milagros de la medicina moderna y a la heroica devoción de los médicos y de las enfermeras. El niño crece, muy débil para participar en los deportes, pero brillante, amado y popular. Se convierte en médico, maestro o poeta. Contrae matrimonio y tiene hijos; es respetado en su profesión y admirado por sus vecinos. Su familia le ama; la gente aprende a confiar en él. Un día, a los 35 años de edad, su corazón, congénitamente débil, deja de funcionar y muere. Ahora su muerte ha causado más que unos pocos días de tristeza. Para su mujer e hijos es una tragedia demoledora, y un hecho profundamente entristecedor para sus amigos y conocidos.

Si dejáramos que los niños enfermos murieran al nacer, si no les ayudáramos a sobrevivir a los peligros y enfermedades de la niñez, o si permitiéramos que solamente los ejemplares más sanos de nuestra raza contrajeran matrimonio y tuvieran niños mientras prohibimos esta satisfacción a otros, podríamos prevenir muchas tragedias como ésta. Después de todo, esto es lo que hacen los animales para que los defectos congénitos no se transmitan de generación en generación. ¿Pero quién de nosotros estaría de acuerdo con esta idea, ya fuera por razones morales o simplemente por el propio interés?

En el instante en que escribo estas líneas, pienso en un joven de mi comunidad que se está muriendo lentamente de una enfermedad degenerativa, y me pregunto si esta especulación biológica podrá servirle de consuelo. Sospecho que no. A menos que nos propongamos representar el papel de los consoladores de Job, ¿de qué nos sirve saber que su enfermedad está regida por ciertos cánones naturales? ¿Se sentiría mejor este hombre sabiendo que fueron sus padres los que, sin saberlo, le transmitieron las semillas de su terrible mal?

Job formulaba preguntas sobre Dios, mas no necesitaba lecciones de teología. Necesitaba simpatía y compasión, y que le garantizaran que a pesar de todo seguía siendo una buena persona y un amigo querido. Al igual que Job, mi vecino me pregunta sobre su enfermedad, pero si tratamos de ayudarle ofreciéndole una lección de biología o genética estamos comprendiendo muy mal sus necesidades. Este hombre precisa que le digan que lo que le está sucediendo es una terrible injusticia. Necesita ayuda para mantener fuertes su mente y su espíritu, para poder aspirar a un futuro en el que estará capacitado para pensar, planear y decidir, incluso en caso de que no pueda caminar o nadar, para no convertirse en un inválido desamparado y dependiente, aun cuando pierda algunas de sus habilidades.

No conozco la razón por la que mi amigo y vecino está enfermo y muriéndose. Desde mi perspectiva religiosa, no puedo decirle que Dios debe tener sus motivos para provocarle esta terrible enfermedad, o que Dios debe sentir un amor especial por él, o que lo admira y quiere probar su coraje de esta manera. Solamente puedo decirle que el Dios en el que yo creo no le envió su mal ni posee alguna cura milagrosa que le esté ocultando. En un mundo en el que todos poseemos espíritus inmortales dentro de cuerpos frágiles y vulnerables, el Dios en el que yo creo otorga fuerza y coraje a aquéllos que, injustamente y no por su culpa, sufren el dolor y el miedo a la muerte. Puedo ayudarle a recordar que él es más que un cuerpo tullido, más que un hombre con una enfermedad debilitante; que es una persona que tiene mujer, niños y amigos que le aman, con suficiente fortaleza en su alma para mantenerse vivo en el más completo sentido de la palabra, hasta el último día de su vida.

No sé por qué la gente es mortal y está destinada a perecer, y tampoco sé por qué mueren a una cierta hora y de una manera determinada. Quizá podríamos encontrar la respuesta imaginándonos cómo sería el mundo si la gente viviera eternamente.

Cuando yo era un joven estudiante universitario, la vejez y la muerte constituían algo tan remoto que nunca pensé en ellas. Pero en uno de los cursos a los que asistí sobre los clásicos de la literatura universal, leí dos discusiones sobre la muerte y la inmortalidad que me impresionaron tanto que en el día de hoy, treinta años después, las conservo grabadas en mi memoria.

En *La Odisea* de Homero hay un pasaje en el cual Ulises conoce a Calipso, una princesa del mar, hija de los dioses. Calipso, como toda divinidad, es inmortal. Nunca morirá. Quedó fascinada por Ulises, el único mortal que conoció. Finalmente nos enteramos que Calipso envidia a Ulises por su condición de mortal; su vida está llena de contenido, cada decisión se torna importante precisamente porque su tiempo es limitado y lo que resuelva hacer representa una opción real.

Más tarde, ese mismo año, leí *Los viajes de Gulliver*, de Jonathan Swift. En su fantasía, el autor nos cuenta que solía suceder que una o dos veces en el curso de cada generación, nacía un niño con una mancha circular roja en la frente, anunciadora de que nunca moriría. Gulliver se imagina que esos niños son muy afortunados, por el hecho de nacer salvados de esa calamidad universal de la naturaleza humana, la muerte. Pero a medida que los conoce se va dando cuenta de que son las criaturas más miserables y dignas de piedad. Envejecen y se debilitan; sus amigos y contemporáneos mueren. A la edad de ochenta años les quitan sus bienes y se los dan a sus hijos, ya que de otra manera nunca heredarían. Sus cuerpos contraen enfermedades, acumulan resentimientos y aflicciones y se hastían de la lucha por la vida, sin esperanzas de poder liberarse alguna vez del dolor de vivir.

Homero nos muestra un ser inmortal envidiándonos por ser mortales. Swift nos enseña a sentir piedad por la persona que no puede morir, a darnos cuenta de que, aunque pueda parecer aterrador y trágico vivir con la certeza de que moriremos, saber que viviremos eternamente sería insoportable. Podemos desear una vida más larga o feliz, pero ¿cómo soportar una vida que continuara para siempre? Para muchos de nosotros eso supondría llegar a un estado tal que sólo la muerte podría librarnos del dolor que nuestras vidas llegarían a contener.

Si la gente viviera para siempre, sólo podrían suceder dos cosas. O bien el mundo se volvería un lugar terriblemente hacinado o la gente dejaría de tener niños para evitarlo. La humanidad se vería despojada de la vitalidad de un comienzo nuevo, de ese potencial de "algo nuevo bajo el sol" que representa el nacimiento de un niño. En un mundo en el que la gente viviera eternamente es probable que nunca hubiéramos nacido.

Pero, como en nuestra discusión anterior sobre el dolor, tenemos que reconocer que una cosa es explicar que en general la mortalidad es buena para el grueso de la gente, y otra completamente diferente es decirle a quien ha perdido un padre, un cónyuge o un hijo que la muerte es algo bueno. No nos atrevemos a hacer algo tan cruel y desconsiderado. Todo lo que podemos decir en una circunstancia tal, es que la vulnerabilidad a la muerte es una de las condiciones que rigen nuestras vidas. No podemos encontrarle una explicación, de la misma manera que no podemos explicar la vida misma. No podemos controlarla y a veces ni siquiera postergarla. Todo lo que podemos hacer es elevarnos más allá y trascender la pregunta de por qué nos ha sucedido algo y comenzar a preguntarnos qué podemos hacer ahora que ha sucedido.

Cinco

Dios nos permite ser humanos

Uno de los principios más importantes que una religión puede enseñarnos es el significado de nuestra humanidad. La visión del hombre que da la Biblia es tan determinante para su concepción general del mundo, como la perspectiva de la imagen de Dios. Dos pasajes en el comienzo de la Biblia nos enseñan y nos dicen cómo nosotros, los seres humanos, estamos emparentados con Dios y el mundo que nos rodea.

El primero lo encontramos en la afirmación del capítulo inicial del libro del Génesis, que dice que los seres humanos fueron creados a imagen y semejanza de Dios. En el clímax del proceso de la creación, Dios es representado diciendo: "Hagamos al hombre a nuestra imagen y semejanza". ¿Por qué habla en plural? ¿A quién se refiere Dios cuando habla de "nosotros"? Yo creo que para entender esta frase hay que analizarla conectada a la que le precede inmediatamente, en la que Dios crea a los animales. En una descripción de la Creación asombrosamente semejante a la de los científicos que han estudiado el proceso evolutivo,

Dios crea primero un mundo cubierto de agua. Luego hace emerger las tierras secas, llena el mundo de plantas, peces, aves, reptiles, y por último de mamíferos. Finalmente, después de haber creado a todos los animales, les dice *a ellos*. "Dispongamos todo para que pueda aparecer un nuevo tipo de criatura, un ser humano a *nuestra* imagen, a vuestra imagen y a la Mía. Diseñemos una criatura que de alguna manera sea un animal como vosotros, que necesite comer, dormir y reproducirse, y como Yo en otros aspectos, elevándose por encima del nivel animal. Vosotros los animales contribuiréis a su dimensión física y Yo le insuflaré su alma". Y así, coronando la Creación, los seres humanos hemos sido creados con parte animal y parte divina.

Mas, ¿cuál es la parte nuestra que nos eleva sobre los animales, la porción que nos asemeja a Dios, como no le sucede a ninguna otra criatura viviente? Para responder a esta pregunta debemos volvernos hacia el segundo de los pasajes bíblicos, una de las historias de la Biblia peor comprendidas, la historia de lo sucedido en el paraíso original.

Leemos que tras crear a Adán y Eva, Dios los colocó en el paraíso original y les dijo que podían comer el fruto de todos los árboles que allí había, incluso del Árbol de la Vida. Sólo les fue prohibido comer del Árbol del Conocimiento del Bien y del Mal. Dios les advirtió que el día que comieran de ese árbol morirían. Pero instigados por la serpiente, Adán y Eva comieron el fruto prohibido. Dios los castigó de la siguiente manera por su desobediencia:

- Deberían abandonar el Jardín y nunca más comerían los frutos del Árbol de la Vida. (No mueren ese

mismo día, mas se les dice que en adelante procrea-
rán hijos y morirán, en vez de vivir por siempre.)

• Para Eva, el proceso de tener hijos y criarlos será
doloroso. ("Parirás a tus hijos con dolor.")

• Adán tendrá que trabajar para obtener su comida
en vez de cogerla de los árboles. ("Ganarás el pan con
el sudor de tu frente".)

• Habrá tensión sexual entre el hombre y la mujer.
("Tu deseo será para tu marido, y él se enseñoreará
de ti".)

Cuando usted escuchó esta historia por primera vez, o
cuando se la enseñaron en la clase de religión, probablemente la interpretó como una historia simple; Adán y Eva
desobedecieron las órdenes de Dios y fueron castigados
por ello. Eso resultaba adecuado para el nivel intelectual de
un niño y contenía un mensaje que era conocido. ("Mamá
te dijo que no jugaras en el barro. A pesar de eso, tú ju-
gaste en el barro y te manchaste. Te quedarás sin postre".)
Tal vez incluso le dijeron, según cuál fuera la tradición religiosa en la que le educaron, que todos los seres humanos,
al ser descendientes de Adán y Eva, estamos condenados a
perecer siendo pecadores a causa de esa desobediencia original. Es posible que usted pensara que no estaba bien que
Dios castigara a Adán y Eva y a todos sus descendientes
con tanta severidad por una pequeña falta cometida por
una pareja tan inexperta, sobre todo teniendo en cuenta
que no podían saber lo que estaba bien y lo que estaba mal

antes de comer el fruto del Árbol del Conocimiento del Bien y del Mal.

Creo que la historia es bastante más compleja. Creo que no es un simple caso de desobediencia a Dios y de ser castigados por ello. Tal vez mi modo de interpretarla difiera considerablemente de las interpretaciones que le han acompañado durante toda su vida, pero creo que tiene sentido y que encaja dentro del contexto bíblico. Yo creo que la historia trata de las diferencias que hay entre ser humanos o ser animal, y la clave para comprenderla es el hecho de que el árbol "prohibido" se llama el Árbol del Conocimiento del Bien y del Mal.

Los seres humanos vivimos en un mundo de bueno y de malo, y eso hace que nuestras vidas sean dolorosas y complicadas. Los animales no tienen esa visión del mundo. Sus vidas son mucho más sencillas sin los problemas y las decisiones morales de los seres humanos. Las categorías de "bueno" o de "malo" no existen para los animales. Pueden ser útiles o revoltosos, pueden ser obedientes o desobedientes, pero no pueden ser buenos ni malos. Las expresiones como "perrito bueno" o "perrito malo" no hacen referencia a los valores morales ni a lo que el perro decide hacer, sino a que sean convenientes o inconvenientes para nosotros, lo mismo que podemos hablar de buen tiempo o de mal tiempo. Igual que nuestros antepasados casi humanos, pero no humanos por completo, los animales comen del Árbol de la Vida. Comen y beben; corren y copulan. Pero el Árbol del Conocimiento del Bien y del Mal queda fuera de su alcance.

Usando un término que antes de nuestra generación hubiera sido incomprensible, podemos decir que los animales están "programados". Los instintos de su organismo les dicen cuándo comer y cuándo dormir. Obedeciendo sus instintos, tienen muy pocas decisiones que tomar. Los seres humanos somos diferentes. La "imagen de Dios" en nosotros nos permite decir no a los instintos, por motivos morales. Podemos privarnos de comer aunque estemos hambrientos. Podemos elegir no tener relaciones sexuales, aunque estemos excitados sexualmente, no por miedo a ser castigados, sino porque comprendemos los términos "bien" y "mal" de una manera que los animales jamás comprenderían. Todo el concepto de ser humano reside en elevarse por encima de nuestra naturaleza animal, aprendiendo a controlar nuestros instintos.

Observemos otra vez los "castigos" impuestos a Adán y Eva. (Utilizo la palabra "castigos" entre comillas debido a que no estoy seguro que en realidad lo fueran, sino que quizá formaran parte de las dolorosas consecuencias de ser humanos y no meras animales.) Cada uno de ellos representa una forma en la que la vida es más dolorosa y problemática para los seres humanos que para los animales.

El sexo y la reproducción constituyen algo simple y natural para todos los animales, exceptuando al hombre. Las hembras entran en celo, los machos son atraídos por éstas, y así se mantiene la especie. Nada podría ser más simple. Comparémoslo con las tensiones sexuales que existen entre los seres humanos: la adolescente esperando la llamada telefónica de un joven, se siente fea y rechazada; un estudiante que no puede concentrarse en sus estudios y piensa en el suicidio porque su novia ha roto con él; una profesional soltera, que no está a favor del aborto, pero que habiendo quedado embarazada no encuentra otra salida; la esposa deprimida que el marido abandonó por otra mujer; las víctimas de violaciones, los que asisten a películas pornográficas, los adúlteros, los promiscuos "atletas sexuales" que se odian a sí mismos. El sexo es tan simple y directo para los animales, mientras que para nosotros, que habitamos el mundo del bien y del mal, es tan doloroso (a menos que estemos dispuestos a comportarnos como los animales).

Pero al mismo tiempo, precisamente porque vivimos en ese mundo, una relación sexual puede ser infinitamente más significativa para nosotros que para los animales, o que para una persona que sólo ve en el sexo un instinto que debe ser satisfecho. Puede significar ternura, compartir afecto, un compromiso responsable. Aunque los animales puedan aparearse y reproducirse, sólo los seres humanos pueden conocer el amor, con el dolor que a veces acarrea.

Para los animales, el dar a luz y la supervivencia de las crías constituye un proceso puramente instintivo. Esto les produce mucho menos dolor físico y psicológico que a nosotros, los seres humanos. Cuando nuestra perra tuvo crías, sabía exactamente qué hacer sin que nadie se lo dijera. Aunque dar a luz no fue confortable, tampoco fue tan doloroso como para una madre de nuestra especie. Nuestra perra amamantó a sus cachorros y cuando éstos crecieron lo suficiente como para cuidarse a sí mismos, comenzó a ignorarlos. Ahora, cuando se encuentra con uno de ellos, lo reconoce como perteneciente a la misma especie, mas no necesariamente como parte de su familia. Ser un padre humano no es tan fácil. Dar a luz, uno de los acontecimientos más dolorosos que el cuerpo humano puede experimentar, es tal vez la parte menos complicada. Criar y educar a los niños, transmitir valores, compartir sus expectativas, saber cuándo mostrar firmeza y cuándo perdonar, son la parte más dura de la paternidad. A diferencia de los animales, no podemos hacerlo instintivamente. Nos vemos obligados a tomar duras decisiones.

De forma similar, los seres humanos tienen que trabajar duramente para ganarse el sustento, ya sea produciendo sus alimentos o realizando algún servicio que permita ganar dinero para adquirirlos. El mundo provee de comida a todos los animales que cazan o pastan. Aunque un león tiene que esforzarse para cazar y matar a un animal, no podemos compararlo con la experiencia humana de ser despedido de un empleo o de tener que decidir si conviene retener determinada información para realizar una venta. Los animales pueden confiar en su instinto cuando salen en busca de comida; sólo los seres humanos en su trabajo tienen que preocuparse por elegir una profesión, mantener un empleo, llevarse bien con el jefe; sólo nosotros nos vemos obligados a sopesar todos los aspectos de hacer algo que puede ser ilegal o poco ético para no perder un empleo o efectuar una venta. Un área importante de la vida, que puede ser sencilla para los animales, libres de dilemas morales, es problemática y dolorosa para los seres humanos.

Por último, aunque todos los seres vivos están destinados a morir algún día, sólo los seres humanos poseemos este conocimiento. Los animales se defenderán instintivamente contra todo lo que amenace su bienestar; sólo los seres humanos vivimos en el valle de las sombras de la muerte, sabiendo que somos mortales, incluso cuando nadie nos ataca. Saber que algún día moriremos transforma nuestra vida de muchas maneras. Nos lleva a intentar engañar a la muerte haciendo algo que nos sobreviva: teniendo niños, escribiendo libros, tratando de impresionar a nuestros amigos y vecinos para que tengan un buen recuerdo de nosotros. Saber que nuestro tiempo es limitado da valor a las cosas que hacemos. Elegir leer un libro o visitar a un amigo enfermo en vez de ir al cine, tiene su importancia precisamente porque nunca tendremos tiempo para hacer todo lo que queremos.

Esto es lo que sucedió a Adán y Eva. Se volvieron humanos; tuvieron que abandonar el Jardín del Edén donde los animales comen del Árbol de la Vida, el árbol de las fuerzas y los instintos básicos de la vida. Entraron en el mundo del conocimiento del bien y del mal, un universo más doloroso y más complicado, un mundo en el que hay que tomar decisiones morales difíciles. Comer y trabajar, tener hijos y criarlos, no son cosas tan simples como para los animales. Estos antecesores nuestros se volvieron conscientes de sí mismos (después de comer del fruto prohibido, sintieron la necesidad de cubrir sus cuerpos). Supieron que no vivirían para siempre. Pero lo más importante, tendrían que pasarse la vida tomando decisiones.

Esto es lo que significa ser humano "a imagen y semejanza de Dios". Significa ser libre para tomar decisiones, en lugar de cumplir con el dictado de nuestros instintos. Significa saber que algunas decisiones son buenas mientras

que otras son malas, que nuestra tarea es saber diferenciar-
las. "A los cielos y a la tierra llamo por testigos hoy contra
vosotros, que os he puesto delante la vida y la muerte, la
bendición y la maldición; escoge, pues, la vida, para que
vivas tú y tu descendencia". (Deuteronomio 30:19)

Esto no le podía haber sido dicho a ninguna otra criatura excepto al hombre, pues ninguna otra es libre para
elegir. Pero si el hombre es verdaderamente libre para
elegir, si puede demostrarse a sí mismo que es virtuoso eli-
giendo el bien cuando el mal es igualmente posible, entonces también tiene que ser libre de poder elegir el mal. Si
fuera libre de elegir sólo el bien, no estaría ejercitando su
libre albedrío. Si estamos obligados a hacer el bien, no
somos libres de elegirlo.

Imagine esta conversación de un padre con su hijo.

—¿Cómo te gustaría pasar la tarde, haciendo los deberes
o jugando con tu amigo? Elige tú.

—Prefiero jugar con mi amigo —contesta el niño.

—Lo lamento, tu decisión es incorrecta, no puedo per-
mitirlo. No sales de la casa hasta que no termines tu trabajo. Elige de nuevo.

—De acuerdo, haré los deberes —dice el niño.

—Me alegro —contesta el padre sonriendo— de que
hayas decidido correctamente.

Aunque llegamos al resultado preferido, sería errado
decir que fue el niño quien demostró responsabilidad y
madurez al elegir esa opción.

Imaginemos ahora a Dios diciéndole a alguien:

—¿Cómo piensas conseguir el dinero para pagar tus
cuentas? ¿Obteniendo un empleo, lo que significa levan-

tarse temprano en la mañana y trabajar duro todo el día, o robándole la cartera a una anciana?

—Estaba pensando en salir a robarle la cartera a una anciana —responde el hombre.

—No. Eso está mal —dice Dios—. No permitiré que lo hagas. Elige otra vez.

Esta vez el hombre acepta, sin ganas, conseguir un empleo. Es cierto que se ha evitado un robo, pero ¿podemos decir que la decisión fue tomada por un ser humano moralmente libre? ¿Le ha permitido Dios escoger entre el sendero del bien y el del mal? ¿O es que Dios, privándole de su libertad de elección y obligándole a tomar el mejor camino, ha reducido a este hombre al nivel de un animal?

Para poder ser libres, para poder ser humanos, Dios tiene que dejar en nuestras manos la libre elección de hacer el bien y el mal. Si no somos libres de hacer el mal, tampoco lo somos de elegir el bien. Como los animales, seríamos obedientes o desobedientes. Careceríamos de moral, lo que significa que dejaríamos de ser humanos.

No podemos leer la mente de Dios para saber por qué en un determinado momento del proceso evolutivo decidió crear un nuevo tipo de criatura, un animal moralmente libre, que pudiera elegir ser bueno o malo. Mas así lo hizo y, desde entonces, el mundo ha presenciado mucha nobleza y mucha crueldad.

Nuestra libertad moral implica que si decidimos ser egoístas o deshonestos, podemos serlo; Dios no nos detendrá. Si queremos tomar algo que no nos pertenece, no bajará a la tierra a detener nuestro brazo. Si queremos herir a alguien, no intervendrá para evitarlo. Todo lo que hará será decirnos que está mal hacer ciertas cosas, nos advertirá de que nos arrepentiremos por haberlas hecho, y deseará que, si no seguimos su consejo, aprendamos de la experiencia.

Dios no es un padre humano que observa cómo su hijo da sus primeros pasitos o trata de resolver la tarea de álgebra, mientras se dice a sí mismo: "Si intervengo le evitaré mucho dolor, mas, ¿cómo aprenderá entonces a hacerla por sí mismo?" Un padre humano que se encuentra en esta situación tiene la posibilidad y la responsabilidad de intervenir si ve que su hijo está a punto de hacerse daño. Pero Dios se ha propuesto a Sí mismo no intervenir para quitarnos nuestra libertad, incluyendo la de herirnos a nosotros mismos y a los que nos rodean. Dios ha permitido que el hombre evolucione moralmente libre, y no podemos hacer que el reloj de la evolución marche hacia atrás.

¿Por qué entonces a las personas buenas les pasan cosas malas? Una razón es que nuestra naturaleza humana nos concede la libertad de lastimarnos los unos a los otros, y Dios no puede detenernos sin quitarnos esta libertad que nos convierte en humanos. Los hombres podemos estafarnos, robarnos, herirnos, y Dios solamente puede contemplar, lleno de pena y compasión, lo poco que hemos aprendido a comportarnos a través de los siglos. Esta manera de razonar me ayuda a comprender esa monstruosa erupción del mal a la que llamamos el Holocausto, la muerte de millones de personas inocentes a manos de Adolfo Hitler. Cuando la gente pregunta "¿Dónde estaba Dios en Auschwitz? ¿Cómo permitió que los nazis asesinaran tantos hombres, mujeres y niños inocentes?" Mi respuesta es que no fue Dios quien causó el Holocausto. Fue causado por seres humanos que eligieron ser crueles con sus semejantes. La teóloga cristiana alemana Dorothee Soelle, al referirse a los que tratan de justificar el Holocausto sosteniendo que fue causado por la voluntad de Dios, dice: "¿Quién quiere un Dios como ése? ¿Quién puede ganar algo adorándolo? ¿Estaba de parte de las víctimas o de los verdugos?" Intentar explicar el Holocausto, o cualquier otro sufrimiento, identificándolo con la voluntad de Dios es colocarse —y al mismo tiempo colocar a Dios— del lado del verdugo, en vez de identificarlo con la víctima.

Pensar que el Holocausto fue causado por Dios no me ayuda a comprenderlo. Aunque pudiera aceptar la muerte de una persona sin verme obligado a replantearme mis creencias, el Holocausto representa demasiadas muertes, demasiada evidencia en contra del argumento de que "Dios está a cargo de la situación y tiene sus razones". Tengo que creer que el Holocausto fue por lo menos tan ofensivo para el código moral de Dios como lo es para el mío, o si no ¿cómo podría respetar a Dios como fuente de moralidad?

¿Por qué tuvieron que morir seis millones de judíos y varios millones de otras víctimas inocentes en los campos de exterminio de Hitler? ¿Quién fue el responsable? Volvemos a la idea de la libertad de elección del ser humano. Descubrimos que el hombre es esa criatura única cuyo comportamiento no puede ser programado. Es libre de elegir el bien, lo que implica que también debe ser libre de poder elegir el mal. Algunas personas son buenas en una escala relativamente modesta. Son caritativas, visitan a los enfermos, ayudan a un vecino a cambiar un neumático pin-

chado. Otras son buenas en gran escala. Trabajan con
dedicación para descubrir la cura de una enfermedad, luchan para que se le otorguen derechos a los pobres y a los
desamparados. Algunas personas eligen hacer el mal, pero
sólo son capaces de hacerlo en pequeña escala. Mienten,
engañan, toman cosas que no les pertenecen. Pero otras poseen la habilidad de causar daño a millones de personas,
así como hay personas buenas capaces de hacer el bien a
millones.

Hitler debe haber sido uno de esos extraordinarios ge-
nios del mal que, habiendo elegido ser destructivo, fue
capaz de serlo más que prácticamente cualquier otro personaje de la historia. Esto da pie a una pregunta que en
realidad no forma parte de nuestra discusión: ¿Podemos
decir que alguien como Hitler eligió ser destructivo? ¿O
tendríamos que volver la vista atrás y estudiar cómo eran
sus padres, el ambiente de su hogar, sus maestros, sus experiencias e incluso las circunstancias históricas que le lle-
varon a convertirse en la persona que fue? Es muy posible
que no exista una respuesta clara a esta pregunta. Las ciencias sociales la han debatido durante años y creo que seguirán haciéndolo. Sólo puedo decir que la piedra angular de
mi fe religiosa es la creencia de que los seres humanos son
libres de elegir el rumbo de sus vidas. Claro está, algunos
niños nacen con determinadas características físicas o mentales que limitan su libertad de elección. No todos podemos
elegir ser cantantes de ópera, cirujanos o atletas profesio-
nales. Además, algunos padres maltratan a sus hijos y
ciertos sucesos accidentales —guerras, enfermedades— les
traumatizan, incapacitándoles para concretar su potencial,

mientras que algunas personas son tan adictas a sus hábitos que es difícil considerarlas libres. Pero insisto en que cada adulto, al margen de lo desafortunada que haya sido su niñez o lo esclavo que sea de sus hábitos, es libre de tomar decisiones sobre su vida. Si no somos libres, si estamos encadenados a las circunstancias y a nuestras experiencias, no somos diferentes de los animales, limitados por sus instintos. Decir que Hitler o cualquier otro criminal no eligieron ser malos, sino que fueron víctimas del medio en el que crecieron, es transformar toda discusión moral en algo imposible. Deja sin responder la pregunta de por qué todas las personas que se encontraron en una situación similar no se convirtieron en verdugos similares. Peor aún, decir de una persona que "no es culpa suya, no era libre de elegir", es hurtarle su humanidad, reduciéndola al nivel de un animal, incapaz de elegir entre el bien y el mal.

El Holocausto ocurrió porque Hitler era un demente genio del mal que optó por causar daño en gran escala. Pero él solo no causó todo el daño. Hitler era sólo un hombre, y hasta su propia capacidad para el mal era limitada. El Holocausto sucedió porque miles de personas pudieron ser persuadidas a asociarse en su locura, mientras que otros millones cooperaron al permitir que les amedrentaran o les avergonzaran. Ocurrió porque cierta gente irritada y frustrada estaba dispuesta a dar salida a su enojo y frustración persiguiendo a víctimas inocentes, en cuanto alguien les incitó a hacerlo. Ocurrió porque Hitler fue capaz de convencer a los abogados para que olvidaran sus obligaciones con la justicia, y a los médicos para que violaran sus juramentos. Y porque los gobiernos democráticos, al no estar en juego sus intereses, fueron reacios a llamar a sus ciudadanos a las armas.

¿Dónde estaba Dios mientras esto sucedía? ¿Por qué no intervino para detenerlo? ¿Por qué no mató a Hitler en 1939 para salvar millones de vidas y enormes sufrimientos? ¿Por qué no envió un terremoto para derribar las cámaras de gas? ¿Dónde estaba Dios? Tengo que creer, junto con Dorothee Soelle, que Dios estaba con las víctimas y no con los asesinos, que no controla las elecciones entre el bien y el mal que hacen los hombres. Tengo que creer que las lágrimas y los rezos de las víctimas despertaron su compasión pero que, habiendo otorgado libre albedrío al hombre —que incluye la libertad de elegir lastimar al prójimo— nada pudo hacer para evitarlo.

El cristianismo introdujo la idea de un Dios que sufre junto con la imagen de un Dios que crea y manda. El judaísmo posbíblico también habló ocasionalmente de un Dios que sufre, un Dios que se queda sin hogar y que marcha al exilio junto a su pueblo, un Dios que llora cuando observa lo que sus hijos se hacen entre ellos. No sé lo que significa que Dios sufra, no creo que Dios sea una persona como yo, con ojos y glándulas lacrimales de verdad, con terminales nerviosos que sientan dolor. Quisiera pensar que la angustia que siento cuando leo acerca de los sufrimientos de los inocentes refleja la angustia y la compasión de Dios, incluso si su manera de sentir dolor difiere de la nuestra. Quisiera pensar que es Él quien me capacita para sentir simpatía y rechazo, y que ambos estamos del mismo lado cuando nos identificamos con la víctima frente a los victimarios.

Me parece adecuado que la última palabra la tenga un superviviente de Auschwitz:*

> Durante mi estancia en Auschwitz nunca se me ocurrió cuestionar las acciones o las omisiones de Dios, aunque entiendo que otros lo hayan hecho... Lo que los nazis nos hicieron no me convirtió en más religioso ni menos, y creo que mi fe en Dios no fue minada en absoluto. Nunca se me ocurrió asociar a Dios con las calamidades que estábamos experimentando, ni culparle, ni creer menos o dejar de creer en Él porque no vino a socorrernos. Dios no nos debe nada. Nosotros le debemos nuestras vidas. Quien cree que Dios es responsable por la muerte de seis millones de personas, por no haberlas salvado de alguna manera, tiene los pensamientos trastocados. Nosotros le debemos nuestras vidas a Dios por los pocos o muchos años que vivimos, y tenemos la obligación de adorarle y cumplir sus mandamientos. Por ese motivo estamos en la tierra, para estar a su servicio y cumplir su voluntad.

---

*Brenner: *La fe y las dudas de los supervivientes del Holocausto.*

Seis

Dios ayuda a los que dejan de hacerse daño a sí mismos

Una de las peores cosas que suelen suceder a una persona que ha sido castigada por la vida es que tiende a incrementar el daño hiriéndose a sí misma por segunda vez. No sólo es víctima del rechazo, la pena y el agravio, sino que siente la necesidad de verse a sí misma como una mala persona que está recibiendo un castigo merecido, y por esta razón aleja a las personas que se acercan para ayudarla. Muchas veces, en nuestra confusión, tendemos a sentir instintivamente que no merecemos ser ayudados, y de esta manera dejamos que la culpa, la ira, los celos y la soledad autoimpuesta hagan que una mala situación empeore.

Una vez leí un refrán popular iraní que dice: "Cuando te encuentres con un ciego, patéalo. ¿Por qué deberías ser más bondadoso que Dios?" En otras palabras, si ve a alguien que sufre, puede creer que merece su suerte y que Dios quiere que sufra. Por lo tanto, póngase de parte de Dios, evitándolo y humillándolo aún más. Si trata de ayudarle estará actuando contra la voluntad de Dios.

La mayoría de nosotros posiblemente opinamos que

decir algo así es "terrible". Aunque sentimos que no somos capaces de cometer una canallada como ésa, muchas veces, inadvertidamente, nos encontramos diciéndole a la gente que ha sido lastimada que, de alguna manera, se lo merecían.

¿Recuerda a los tres amigos que trataron de consolar a Job en la historia bíblica? Cuando le visitaron con la intención de consolarle por las pérdidas y las enfermedades acaecidas, cometieron muchos errores y terminaron haciéndole sentir peor. ¿Podemos aprender de sus errores cuáles son las necesidades de la persona herida por la vida, y de qué manera nosotros, como amigos o vecinos, podemos ayudar?

El primer error cometido fue pensar que cuando Job se preguntaba por qué Dios le estaba haciendo eso, estaba formulando una pregunta y que podían ayudarle respondiéndola, explicándole el porqué. En realidad, las palabras de Job no representaban una pregunta teológica sino un grito de dolor. En vez de un signo de interrogación tras sus palabras, debería haber un signo de exclamación. Lo que Job necesitaba de sus amigos, lo que estaba pidiendo cuando se preguntaba por qué Dios le estaba haciendo eso, no era teología sino simpatía. Job no quería que le explicaran los designios de Dios o los defectos de su planteamiento teológico, sino que necesitaba que le confirmaran que era una persona buena, que lo que le estaba sucediendo era trágico e injusto. Pero los amigos de Job se entusiasmaron tanto hablando de Dios que casi se olvidaron de él, excepto para decirle que debía haber hecho algo bastante feo para merecer esta suerte a manos de un Dios justo y equitativo.

Como nunca habían estado en la posición de Job, no se daban cuenta de lo inútil y ofensivo que era juzgarle, diciéndole que no debería llorar y quejarse tanto. Incluso aunque ellos hubieran experimentado pérdidas similares, no habrían tenido derecho a juzgarle. Es difícil saber qué decirle a una persona que ha sido golpeada por la tragedia, pero es más fácil saber qué no decirle. Debemos evitar toda crítica personal a quien se lamenta ("No te lo tomes tan a la tremenda". "Trata de contener tus lágrimas, estás afectando a los que te rodean"). Tampoco sirven de consuelo ni serán agradecidas las palabras que tratan de minimizar el dolor de la persona que se lamenta ("Probablemente sea por tu propio bien", "Podría haber sido peor", "Tu mamá ahora está mejor"). Igualmente es un error pedirle a una persona que se lamenta que trate de ocultar o rechazar sus sentimientos ("No tenemos derecho a cuestionar a Dios", "Dios debe amarte mucho si te ha elegido para imponerte esta carga").

Bajo el impacto de todas sus tragedias, Job trataba de aferrarse desesperadamente al respeto que se debía a sí mismo, deseando seguir creyendo que era una buena persona. Lo último que necesitaba era que le dijeran que lo que estaba haciendo estaba equivocado. Tanto si las críticas apuntaban a su forma de lamentarse o a lo que había hecho para merecer tal suerte, el efecto era como frotar sal en una herida abierta.

Job precisaba más de simpatía que de buenos consejos. Ya habría tiempo y lugar para ellos. Necesitaba compasión, sentirse acompañado en su dolor, y no interpretaciones teológicas grandilocuentes sobre los caminos del Señor. Le era necesario el consuelo físico, que la gente compartiera su fortaleza con él, brindándole apoyo y no regañinas ni reproches.

Job necesitaba amigos que le permitieran irritarse, llorar y gritar, no amigos que le apremiaran a ser un ejemplo de piedad y paciencia para los otros. Ansiaba gente que le dijera que lo que le había sucedido era terrible y sin sentido, en vez de decirle que su situación no era tan mala. Aquí vemos cómo los amigos le abandonan. La frase "los consoladores de Job" entró en el lenguaje para describir a las personas que tratan de ayudar, pero que están más preocupadas por sus necesidades y sentimientos que por su prójimo, con lo que terminan empeorando la situación.

A pesar de todo, los amigos de Job hicieron dos cosas correctas. En primer lugar, fueron a visitarle. Estoy seguro de que la perspectiva de ver a su amigo en la miseria fue para ellos un espectáculo muy duro de contemplar y debieron haber sentido la tentación de mantenerse apartados, de dejarle solo. Ver a un amigo sufriendo no es una experiencia agradable y la mayoría de nosotros preferimos evitarla. Generalmente nos alejamos y la persona que sufre experimenta rechazo y soledad además de la tragedia. Si finalmente realizamos la visita, tratamos de eludir el motivo de ésta, con lo que estas visitas se transforman en discusiones sobre el clima, la situación política o la liga de fútbol, que tienen un aire de irrealidad, pues no evitan el tema fundamental, que está en la mente de todos. Al menos los amigos de Job tuvieron el valor de estar con él y hacer frente a su pesar.

En segundo lugar, le escucharon. Según el relato bíblico,

se sentaron junto a Job durante varios días, sin decir nada, mientras Job descargaba su pena y su rabia. Me da la impresión de que ésta fue la parte más útil de su visita. Nada de lo que hicieron a continuación ayudó tanto a Job. Cuando éste terminó de lamentarse deberían haber dicho: "Sí, es realmente horrible. No sabemos cómo lo soportas". En vez de actuar de este modo, se sintieron obligados a defender a Dios y a la sabiduría convencional. Su presencia silenciosa debe haber sido de más ayuda que sus largas explicaciones teológicas. Todos podemos aprender esa lección.

Hace algunos años tuve una experiencia que me enseñó algo acerca de cómo la gente, culpándose a sí misma, empeora una situación que ya de por sí es mala. Una vez, en el mes de enero tuve que oficiar durante dos días consecutivos en sendos funerales de dos ancianas de mi comunidad. Ambas habían fallecido "cargadas de años", como diría la Biblia, por el desgaste natural de sus cuerpos, producido tras una vida larga y plena. Como sus hogares se encontraban próximos el uno del otro, decidí hacer las visitas de pésame a las dos familias esa misma tarde.

En el primer hogar, el hijo de la mujer fallecida me dijo: "Si hubiera enviado a mi madre a Florida, lejos de este frío y esta nieve, aún estaría con vida. Murió por mi culpa". En el segundo, el hijo de la otra mujer me dijo: "Si no hubiera insistido en que mi madre viajara a Florida, todavía estaría viva. Ese largo viaje en avión, el repentino cambio de clima, fueron más de lo que pudo soportar. Murió por culpa mía".

Cuando los acontecimientos no suceden como a nosotros nos gustaría, es muy tentador suponer que, de haber actuado de otra manera, la historia hubiera tenido un desenlace diferente. Los sacerdotes saben que cada vez que alguien muere, los que le sobreviven se sienten culpables. Como el resultado de sus acciones fue negativo, creen que de haber actuado de manera opuesta —cuidando a mamá en casa, posponiendo la operación, etcétera— las consecuencias hubieran sido mejores. Después de todo, ¿cómo podrían haber sido peores? Los supervivientes se sienten culpables de estar vivos cuando la persona amada falleció. Se sienten culpables cuando piensan en todas las palabras amables que nunca dijeron a la persona que murió y en las cosas buenas que no tuvieron tiempo de hacer por ella. En realidad, muchos de los ritos de duelo en todas las religiones cumplen la función de ayudar a la persona acongojada a deshacerse de esos irracionales sentimientos de culpa que sienten por una tragedia de la que no son causantes. Pero el sentimiento de que "es culpa mía" parece ser universal.

Aparentemente, hay dos elementos que rigen nuestra tendencia a sentirnos culpables. El primero es la persistente necesidad de creer que el mundo es lógico, que existe una causa para cada efecto y una razón para todo lo que sucede. Esto nos lleva a encontrar modelos y conexiones donde efectivamente existen (fumar provoca cáncer de pulmón, la gente que se lava las manos tiene menos enfermedades contagiosas) y también donde no existen (mi equipo de fútbol triunfa cada vez que me coloco la camiseta de la suerte, el joven que me gusta me telefonea los días impares y nunca los días pares, excepto cuando hay una fiesta que modifica el patrón). ¿Cuántas supersticiones personales y públicas están basadas en algo bueno o malo que sucedió justo después que hicimos tal o cual cosa y en la creencia de que el mismo patrón se repetirá cada vez?

El segundo elemento es la creencia de que *somos* la causa de lo que sucede, especialmente cuando lo que sucede es algo malo. Es muy corta la distancia que separa creer que todo acontecimiento tiene una causa que lo produce, a creer que somos los culpables de cualquier desastre que sucede. Las raíces de este sentimiento se hunden en nuestra infancia. Los psicólogos suelen hablar del mito infantil de la omnipotencia. Un bebé llega a creer que el mundo existe para satisfacer sus necesidades y que él hace que todo suceda. Se despierta por la mañana y convoca al resto del mundo para que haga lo que le corresponde. Llora, y alguien acude para cuidarle. Cuando tiene hambre, le alimentan y cuando está mojado, le cambian de ropa y se la ponen seca. Con mucha frecuencia no superamos por completo esta creencia infantil de que son nuestros deseos los que hacen que las cosas sucedan. Parte de nuestra mente sigue creyendo que las personas enferman porque las odiamos.

De hecho, nuestros padres suelen reforzar esta idea. Como no se dan cuenta de lo vulnerables que son nuestros egos infantiles, cuando están cansados o se sienten frustrados nos regañan con razonamientos que no tienen nada que ver con nosotros. Nos gritan por estar en medio, por dejar los juguetes desordenados, por tener el volumen del televisor excesivamente alto y, en nuestra inocencia, llegamos a admitir que ellos tienen razón y que nosotros somos el problema. Su cólera puede pasarse al momento, pero nosotros seguimos llevando las cicatrices de haber cometido una falta, de pensar que, siempre que algo va mal, ahí estamos nosotros para que nos echen la culpa. Años después, en el momento que algo malo nos pasa a nosotros o a nuestro entorno, reaparecen esos sentimientos de nuestra infancia e instintivamente sabemos que otra vez hemos vuelto a meter la pata.

Incluso Job estaba dispuesto a aceptar que era culpable y sólo deseaba que Dios confirmara su culpa. Todo antes que admitir que se trataba de un error. Si Dios pudiera demostrarle que se merecía lo que le estaba pasando, al menos el mundo parecería tener algún sentido. No sería agradable padecer por sus propios errores, pero sería más sencillo que descubrir que vivimos en un mundo aleatorio en el que las cosas suceden sin razón alguna.

A veces, claro, un sentimiento de culpa es adecuado y necesario. A veces *hemos* causado el dolor en nuestras vidas y tenemos que responsabilizarnos de ello. Un hombre vino a visitarme un día y me dijo que había abandonado a su esposa y a sus hijos para casarse con su secretaria, y me preguntaba si podría ayudarle a liberarse de la culpa por lo que le había hecho a sus hijos. La verdad es que yo no podía hacer nada. *Debería* sentirse culpable y debería pensar cómo podía enmendar la situación respecto a su primera familia en vez de buscar el modo de desembarazarse de su sentimiento de culpa. Un sentimiento respecto a nuestros fallos y nuestras equivocaciones, un reconocimiento de que podríamos ser mejores de lo que somos, es una de las fuerzas determinantes para el progreso moral y el mejoramiento de nuestra sociedad. Pero el sentimiento excesivo de culpa, la tendencia a reprocharnos cosas que no son responsabilidad nuestra, nos sustrae nuestra autoestima e incluso nuestra capacidad para crecer y actuar.

Una de las cosas más duras que tuvo que hacer Bob en su vida fue ingresar a su madre de 78 años en una residencia para ancianos. Era un caso límite, pues su madre estaba muy consciente, saludable y no necesitaba atenciones médicas concretas, pero no podía alimentarse ni cuidar de sí misma. Seis meses antes, Bob y su esposa se la habían llevado a su casa después de que el apartamento donde ella vivía se incendiara por haberse olvidado de apagar la estufa. Estaba sola y se sentía deprimida y confusa. La esposa de Bob tenía que venir a casa a mediodía para preparar la comida de su suegra y colocarla frente a la televisión hasta que sus hijos regresaran del colegio. La hija adolescente de Bob tuvo que restringir su vida social para cuidar de la abuela cuando Bob y su esposa salían. Se pidió a los niños que sus amigos no vinieran de visita: "Es una casa pequeña que rápidamente se vuelve ruidosa". Después de una semana ya todos tenían en claro que el apaño no funcionaba. Los miembros de la familia se ponían cada vez más nerviosos e irritables y las riñas eran frecuentes. Cada uno llevaba las cuentas de cuánto "había cedido" por la abuela. Bob amaba a su madre y los niños amaban a la abuela, pero comenzaban a darse cuenta de que necesitaba más de lo que podían darle. No estaban preparados para sacrificar el tiempo ni adecuarse al estilo de vida requerido para el cuidado de la anciana. Una noche hablaron sobre el problema, hicieron algunas averiguaciones, y sin muchas ganas —aunque con una palpable sensación de alivio— la ingresaron en una residencia para ancianos cercana a su domicilio. Aunque Bob sabía que estaba haciendo lo correcto, seguía sintiéndose culpable. Su madre no había querido irse. Les ofreció ser menos exigente en el hogar y coartarles menos su libertad de movimiento. Lloró cuando vio a sus compañeros de residencia, más viejos e inválidos, preguntándose quizá cuánto tiempo tardaría en parecerse a ellos.

Ese fin de semana, Bob, que nunca había sido muy devoto, decidió asistir a los servicios religiosos antes de visitar a su madre. No se sentía cómodo con la visita, temiendo lo que iba a encontrar y lo que su madre le diría, y pensó que asistir al servicio religioso le daría la paz y la tranquilidad espiritual que tanto necesitaba. El sermón de esa mañana estuvo dedicado al quinto mandamiento: "Honrarás a tu padre y a tu madre". El sacerdote habló de los sacrificios que hacen los padres por sus hijos y de la resistencia de éstos por apreciarlos. Criticó el egoísmo de la joven generación de hoy, diciendo: "¿Por qué una madre puede hacerse cargo de seis hijos, mientras que seis hijos no pueden hacerse cargo de una madre?" Bob estaba rodeado de personas de más edad que asentían en silencio con la cabeza.

Bob abandonó el servicio sintiéndose herido y enojado. Sentía que le habían dicho, en el nombre de Dios, que era un egoísta. A la hora de la cena estaba irascible con su esposa y sus niños. En la residencia se había comportado de manera impaciente con su madre y fue incapaz de mostrar simpatía por ella. Se sentía avergonzado por lo que le había hecho y al tiempo irritado con ella por ser la causa de su vergüenza y su condenación. La visita fue un desastre emocional y todos quedaron preguntándose si el nuevo arreglo llegaría a funcionar. Bob se sentía acosado por la idea de que a su madre no le quedaba mucho tiempo de vida, y que cuando muriera nunca se perdonaría que su egoísmo le hubiera amargado los últimos años de su existencia.

Bajo cualquier circunstancia la situación de Bob hubiera sido difícil. Los sentimientos de culpa y la ambivalencia estaban allí desde el principio. La indefensión de los padres al envejecer y las súplicas que dirigen a sus hijos despiertan sentimientos de inadecuación, resentimientos ocultos y culpa en mucha gente muy decente. Todo esto nos conduce hacia una situación difícil de manejar, aún en condiciones óptimas. Los padres se sienten asustados y vulnerables, y en ocasiones también son inmaduros emocionalmente. Pueden llegar a utilizar la enfermedad, la soledad o la culpa para manipular a sus hijos y obtener de ellos la atención que tan desesperadamente necesitan. La proverbial madre judía, que constantemente les recuerda a sus hijos todo lo que sacrificó para que éstos sean felices, creando una deuda que toda una vida no alcanzaría para devolver, es ya un personaje clásico de la literatura y el humor. (¿Sabe usted cuántas madres judías se necesitan para cambiar una bombilla eléctrica? Ninguna. La madre judía dice: "No te preocupes por mí. Diviértete. Voy a estar muy bien sentada aquí sola en la oscuridad".) La situación de Bob empeoró al identificar como sensata la voz de la religión. Los sermones que nos llaman a honrar a los padres deben existir, mas tienen que tener cuidado de no agregar leña al fuego de nuestra predisposición a sentirnos culpables.

Si esa mañana Bob hubiera tenido la mente más clara quizá le hubiera podido contestar al predicador que es muy posible que seis hijos no puedan hacerse cargo de una madre porque todos ellos tienen que cuidar a sus propias familias. Podía haberle explicado que amaba a su madre, pero que en primer lugar les debía lealtad a su esposa y a sus niños, de la misma manera que cuando era joven ella se preocupaba más por él que por su propia familia. Si Bob se hubiera sentido más seguro de lo correcto de su conducta podría haber respondido a estas acusaciones. Pero al haberse sentido un poco culpable antes de entrar al servicio, las palabras del sacerdote parecían confirmar sus propios pensamientos, que le decían que era malo y egoísta.

Nuestro ego es tan vulnerable y es tan fácil convencernos nosotros mismos de nuestra maldad, que es indigno que la religión nos manipule de esta forma. Por el contrario, el objetivo de la religión debería ser ayudar a que nos sintamos bien con nosotros mismos cuando hemos tomado una decisión honesta y razonable, por más dolorosa que pueda llegar a ser.

Todavía más que los adultos, los niños tienden a considerarse a sí mismos como el centro del mundo, y a creer que son sus actos los que hacen que las cosas ocurran. Necesitan que les confirmen que, cuando uno de sus padres muere, no fueron ellos los culpables. "Papá no murió porque estabas enojado con él. Murió porque sufrió un accidente (o una enfermedad seria) y los médicos no pudieron curarle. Sabemos que le querías mucho, aunque a veces te hayas irritado con él. Todos nos enojamos a veces con la gente que amamos y esto no quiere decir que no las queramos, o que deseemos que algo malo les ocurra".

Los niños necesitan que les aseguren que el padre o la madre al fallecer, no los rechazaron ni *decidieron* abandonarles, una idea que pueden inferir fácilmente de explicaciones como: "Papá se fue y no regresará". Incluso el autor del Salmo 27 de la Biblia habla de la muerte de sus padres con estas palabras: "Aunque mi padre y mi madre me dejaran..." Está tan emocionalmente implicado en sus muertes que no alcanza a ver las cosas desde el punto de vista de los padres que enfermaron y murieron, sino solamente del suyo propio, que ellos lo abandonaron a él. Sería bueno poder asegurarle al niño que su padre quería continuar viviendo, que quería volver a casa del hospital y hacer juntos las cosas a las que estaban acostumbrados, pero la enfermedad o el accidente fueron tan graves que no logró hacerlo.

Intentar que el niño se sienta mejor diciéndole lo hermoso que es el paraíso y lo feliz que es su papá al estar con Dios, es otra manera de privarle de sentir la aflicción. Cuando hacemos esto, le estamos pidiendo que no confíe en sus sentimientos, que se sienta feliz cuando realmente quiere estar triste como lo están todos los que lo rodean.

En momentos como éstos, debería reconocerse el derecho del niño a sentirse triste y enojado, y también lo correcto de su enojo (no con el padre fallecido ni con Dios).

La muerte de otro niño, sea hermano, amigo o un extraño, cuya muerte es anunciada por los medios de difusión, también introduce una sensación de vulnerabilidad dentro del mundo del niño. Por primera vez se da cuenta de que algo aterrador y doloroso puede sucederle a alguien de su edad. Durante el primer año que trabajé en la congregación en la que ejerzo en la actualidad, fui llamado para informar a los padres de un niño de cinco años, que había muerto al ser atropellado por el autobús que le traía de regreso del campamento de vacaciones al que asistía durante el día. Además de intentar ayudar a los padres a enfrentarse a su abrumadora pena (y además de tener que enfrentarme a mis propios sentimientos —me gustaba el chico, quería a su familia y acababa de enterarme de que mi propio hijo moriría joven), tuve que explicar a mis hijos y a otros jóvenes de la comunidad cómo podía ocurrirle algo así a un niño.

(Cuando estaba por salir a visitar a los padres la noche del accidente, mi hijo Aaron —que entonces tenía cuatro años— me preguntó dónde iba. No me sentía muy dispuesto a decirle que un muchachito casi de su misma edad había muerto y salir corriendo de casa antes que pudiéramos hablar sobre ello, así que le respondí que un niño se había lastimado en un accidente y que quería ver cómo se sentía. A las siete de la mañana siguiente las primeras palabras que me dirigió Aaron fueron: "¿Cómo se encuentra el niño?")

La respuesta que di a los niños del vecindario y a los compañeros del jardín de infancia la dividí en dos partes. Primero les dije que lo que le había ocurrido al niño no era habitual. Ésa era la razón por la cual todos comentaban el suceso y también por eso se había anunciado en la radio y

en la prensa. Este tipo de acontecimiento ocurre tan rara-
mente que cuando sucede constituye una noticia importante. Casi siempre los niños descienden del autobús y
cruzan la calle sin peligro. Casi siempre, los niños que se
caen y se lastiman, mejoran al poco tiempo. Casi siempre
cuando los niños enferman, los médicos están capacitados
para ayudarles a sentirse mejor. Pero a veces, en muy raras
ocasiones, un niño se lastima o enferma y nadie puede
ayudarle, y muere. Cuando esto ocurre, todos quedan sor-
prendidos y se ponen muy tristes.

En segundo lugar, les dije:

No quiero que piensen que lo que le sucedió a Jonathan fue un castigo por comportarse mal. Si recuerdan
alguna travesura que Jonathan hizo hace algunos días,
y si ayer murió atropellado por un autobús, esto no
significa que si ustedes hacen la misma travesura les
vaya a ocurrir algo malo. Jonathan no fue atropellado
por ser un niño malo que merecía ser castigado. Le
correspondía seguir viviendo, jugando, divirtiéndose,
pero en vez de eso sucedió este accidente terrible y
sin sentido.

Una respuesta similar debe darse a los niños que se sienten
perturbados al ver un inválido, que huyen de un ciego o
de una persona con un miembro artificial. Porque eso sucede por el miedo que sienten al pensar que les podría
pasar algo parecido a ellos. Hay que decirles por ejemplo:

—No sé lo que le sucedió a ese hombre. Quizá tuvo un
accidente o alguna enfermedad seria; quizá sea un herido

de guerra que estuvo luchando para defender este país. Esto no quiere decir que sea una mala persona a quien Dios está castigando.

Piense en los cuentos de hadas, donde los jorobados, los deformes y los personajes a quienes les faltan miembros —como el capitán Garfio, enemigo de Peter Pan— son descritos como malvados que amenazan a los niños. Podemos intentar que los niños centren su atención en la parte normal de las personas amputadas o físicamente defectuosas, más que en sus órganos afectados. A veces, hablando abiertamente con una persona paralítica o tullida acerca de su brazo artificial o de su vista afectada, podemos derribar la barrera de extrañeza y disipar los miedos que el niño siente. (Aunque esto no va a ser siempre posible. En ocasiones, las personas tullidas o paralíticas sufren al ser observadas y al sentir que se está hablando de sus incapacidades. Para su estabilidad mental necesitan que los consideren como a todo el mundo.)

Los niños son particularmente susceptibles a los sentimientos de culpa. Incluso al llegar a la edad adulta muchos de nosotros no superamos totalmente esta tendencia. Una palabra errada, aún en los casos en que es pronunciada por alguien que quiere ayudar, sólo servirá para reforzar el sentimiento de que, de hecho, es culpa nuestra.

Beverly se sintió abrumada cuando su marido le anunció que la dejaba, después de cinco años de matrimonio. No tenían niños ya que él la había convencido, aludiendo razones económicas, que no podían darse el lujo de que ella abandonara su empleo. Aunque habían tenido discusiones, Beverly pensaba que su matrimonio no era ni mejor ni peor que el de sus amigas. Entonces, un sábado por la mañana, él le dijo que la dejaba, que la encontraba aburrida, que estaba saliendo con otras mujeres más interesantes, y que bajo tales circunstancias no le parecía justo que siguieran viviendo juntos. Una hora más tarde, el marido había empacado sus ropas y partía a la casa de un amigo. Pasmada, Beverly se dirigió al hogar de sus padres y les contó lo que pasaba. Lloraron con ella y la consolaron alternando su amargura contra el esposo con consejos prácticos sobre abogados, vivienda y cuentas bancarias.

Esa noche, después de la cena, la madre de Beverly la llevó aparte y trató de conversar sobre lo sucedido. Intentando ayudar, le preguntó sobre su vida sexual, su situación económica y sus modos de relacionarse buscando una clave para entender el problema. De repente, Beverly tiró la taza del café y gritó:

—¿Puedes por favor acabar con esto? Estoy cansada de escuchar que si hubiera hecho esto o aquello, esto no habría sucedido. Parece como si todo fuera culpa mía. Me estás diciendo que si hubiera sido una buena esposa no me habría abandonado. Bueno, esto no es justo. Fui una buena esposa. No me merezco esto. ¡No es culpa mía!

Y no me cabe duda de que tenía razón, tanto como su madre que trataba de consolarla. Es gratuito e incluso cruel decirle a una persona que ha sido herida, por un divorcio, por la muerte o por cualquier otro desastre que si hubiera actuado de otra forma tal vez las cosas no habrían salido tan mal. Cuando decimos eso lo que en realidad estamos transmitiendo es que esa persona es culpable por haber elegido incorrectamente. A veces los matrimonios fracasan porque las personas son inmaduras o porque las expectativas de ambas partes son poco realistas. En otras ocasiones la gente muere a causa de enfermedades incurables, no porque sus familias se dirigieron al médico equivocado o tardaron demasiado en acudir al hospital. Hay otras veces en que los negocios quiebran por causa de la competencia o de las condiciones económicas imperantes y no porque la persona encargada tomó una mala decisión en un momento crucial. Si queremos ser capaces de reconstruir nuestras vidas tenemos que sobreponernos a ese sentimiento irracional de culparnos por cada desgracia, de creer que es el resultado directo de nuestro comportamiento o de nuestros errores. No somos tan poderosos. No todo lo que pasa en el mundo es obra nuestra.

Hace algunos años, oficié en el funeral de una mujer que murió de leucemia a los 38 años, sobreviviéndola su marido y un hijo de 15 años. Mientras entraba en el hogar de la familia, después del entierro, escuché cómo una tía le decía al niño: "No te sientas mal, Barry. Dios se llevó a tu madre porque la necesitaba más que tú". Pienso que la tía no era consciente de sus palabras. Posiblemente trataba de entender un acontecimiento trágico y horrible. Aunque me parece que en dos frases cometió por lo menos tres errores de mucha consideración.

Ante todo, le dijo al muchacho que no se sintiera mal. ¿Por qué no debería sentirse mal el día del funeral de su madre? ¿Por qué no tendría derecho a experimentar sentimientos de dolor, enojo, pérdida? ¿Por qué debería censurar sus sentimientos auténticos y legítimos? ¿Para hacer el día más fácil a otras personas?

Segundo, le explicó la muerte de su madre diciéndole que Dios se la había "llevado". No lo creo en absoluto. No concuerda con mi concepción de Dios y sólo puede servir para que Barry se resienta con Dios, cerrándose al consuelo de la religión.

Pero lo peor de todo es que le insinuó que Dios se había llevado a su madre porque "la necesitaba más que él". Creo entender lo que la tía intentaba decir: que la muerte de su cuñada no había sido en vano, que la tragedia servía a algún propósito en el esquema divino de las cosas. Pero sospecho que éste no es el mensaje que Barry recibió. Lo que Barry escuchó fue: "Es culpa tuya que tu madre haya muerto. No la necesitabas lo suficiente. Si la hubieras necesitado más, aún estaría con vida".

¿Puede usted recordarse a los 15 años, dando los primeros pasos titubeantes hacia la independencia, amando y necesitando de sus padres, y al mismo tiempo impaciente a causa de esa dependencia, ansiando ver el día en que superaría esta necesidad para poder al fin ser libre? Si Barry era un típico adolescente de 15 años, seguramente comía lo que sus padres compraban y le preparaban, vestía las ropas que ellos le compraban, vivía en una habitación de su casa, tenía que pedirles que le llevaran donde quisiera ir y soñaba con el día en que dejaría de necesitarles de ese modo. Entonces, su madre había muerto repentinamente y su tía le explicaba su muerte diciéndole que no la necesitaba suficientemente y que por eso había muerto. Eso no era precisamente lo que Barry necesitaba escuchar ese día.

Pasamos muchas horas juntos. Primero tuvimos que superar su rabia inicial hacia mí por ser el representante de ese Dios cruel que había apartado a su madre de su lado. Luego tuvimos que superar su negativa a discutir ese tema doloroso que temía que señalara directamente a su culpa y a su vergüenza. Tuve que convencerle de que la muerte de su madre no era culpa suya. No había muerto porque él la tuviera descuidada, porque se irritara con ella o porque a veces hubiera deseado que desapareciera de su vida. Había muerto porque tenía leucemia. Le dije que ignoraba la razón por la que su madre tuvo leucemia. No sabía por qué alguien desarrollaba esa enfermedad. Pero creía de todo corazón que Dios no lo había deseado en modo alguno, ni como un castigo hacia él, ni como un castigo hacia ella. Yo le dije a Barry, como creo que la gente religiosa debe decir a las personas que han sido golpeadas por la vida:

—No es culpa tuya, Barry. Tú eres un chico bueno y decente que se merece algo mejor. Puedo comprender que te sientas dolido, confuso y rabioso por lo que ha pasado, pero no hay razón alguna para que te sientas culpable. Como hombre de fe, he venido aquí en el nombre de Dios no para juzgarte, sino para ayudarte. ¿Me permites que te ayude?

Siempre que una cosa mala le pasa a una buena persona es muy probable que surja el sentimiento de que podríamos haberlo evitado si hubiéramos actuado de otra forma. Y también es muy posible que siempre surjan sentimientos de cólera. Parece instintivo que nos enojemos cuando sufrimos daño. Si me golpeo el dedo del pie con una silla, me irrito con la silla por estar ahí, y me irrito conmigo mismo por no mirar por dónde voy. Una de las cosas más impor-

tantes que hay que hacer cuando algo nos duele y nos enojamos, es saber qué hacemos con esa cólera.

Linda, una consejera de escuela, regresó a su casa una
tarde y descubrió que había sido robada. Su televisor y su
equipo de música habían desaparecido, junto con las joyas
que había heredado de su abuela; había ropa tirada por
todos los rincones de la casa, el cajón de su ropa interior
había sido vaciado y todo estaba tirado por el suelo. Linda
se sentía más triste y ultrajada por esta invasión de su intimidad que por la pérdida económica. Sintiéndose casi
físicamente violada, se tiró en el sillón llorando por lo injusto de la situación. Fue invadida por una complicada
mezcla de emociones. Se sentía herida y avergonzada sin
saber por qué, enojada con sí misma por no haber hecho
que el apartamento fuera más seguro, enojada porque su
trabajo la mantenía lejos de su hogar, quedando éste a mer-
ced de los ladrones, y por hacerla regresar tan agotada
emocionalmente que no podía asumir este insulto adicional. Se sentía irritada con el conserje del edificio y con el
policía de la esquina por no proteger mejor su propiedad,
enojada con la ciudad por estar tan llena de criminales y
drogadictos, con el mundo por ser tan injusto: había sido
lastimada y sabía que estaba profundamente trastornada,
pero estaba tan confusa que no sabía hacia dónde ni contra
quién dirigir su enojo.

A veces dirigimos nuestro enojo hacia la persona responsable por habernos herido: el supervisor que nos des-
pidió, la esposa que nos abandonó, el conductor que
provocó el accidente. En ocasiones, al no poder contener
nuestro enojo, encontramos alguien a quien acusar, cul-

pable o no, convenciéndonos de que podían y debían haber prevenido la tragedia. He conocido a gente que al relatarme la muerte de una esposa o un niño, ocurrida diez años atrás, se enojaba tanto como lo hiciera entonces, con el médico que no pudo ser localizado o que equivocó el diagnóstico.

Uno de los peores casos en que esto ocurre es cuando marido y mujer intercambian acusaciones tras la muerte de un hijo. "¿Por qué no estabas más pendiente de él? ¿Por qué no estabas en casa, así yo no hubiera estado tan ocupada con tantas cosas para hacer?" "Si le hubieras alimentado mejor... " "Si no se hubiera resfriado en ese estúpido día de pesca". "Mi familia siempre fue saludable; son tus parientes los enfermizos". Un hombre y una mujer que se aman han sido gravemente heridos. Por tal razón se sienten enojados y dirigen su enojo hacia el blanco más accesible que esté cerca.

En una situación similar, aunque no tan trágica, está el hombre que al perder su empleo descarga su irritación sobre su mujer diciendo que los problemas del hogar no le dejaron concentrarse, que ella le desmoralizó, que no trató adecuadamente al jefe o al cliente importante. A menudo, al no encontrar la persona en quien descargar nuestro enojo, nos irritamos con nosotros mismos. La definición académica de la depresión es la cólera dirigida hacia dentro, en vez de ser descargada hacia fuera. Todos hemos conocido a personas que se deprimieron después de una muerte, un divorcio, un rechazo, o la pérdida de un empleo. No salen de casa, duermen hasta el mediodía, descuidan la apariencia personal y desdeñan toda iniciativa amistosa. Esto es la depresión: nuestro enojo al ser lastimados dirigido contra nosotros mismos. Cuando nos culpamos, queremos herirnos y castigarnos por lo que echamos a perder.

Otras veces nos enojamos con Dios. Dado que nos educaron para creer que todo ocurre por su voluntad, le hacemos responsable por todo lo que nos pasa, o por lo menos por no haber prevenido tal o cual suceso. También la gente religiosa pierde a veces la fe, quizá porque las ceremonias y los rezos ya no expresan sus sentimientos ("¿Por qué tengo que estar agradecido?"), o quizá para vengarse de Dios. En ocasiones, gente que no es creyente se vuelve religiosa de una manera irascible y desafiante.

—Tengo que creer en Dios —me dijo un hombre—, así tendré alguien a quien culpar, a quien insultar y gritar, cuando piense en lo que me ocurrió.

En su novela *La promesa*, Chaim Potok relata la historia de un niño que enferma mentalmente porque no puede manejar la rabia que siente hacia su padre. Michael Gordon ama y admira tanto a su padre que no puede enfrentarse al hecho de que muchas veces está resentido y enfadado con él. El psiquiatra Danny Saunders está capacitado para ayudar a Michael, ya que él también tuvo que analizar y superar sus propios sentimientos ambivalentes de amor, odio, admiración e irritación que sentía hacia su propio padre, poderoso, admirable y dominador. Uno de los personajes secundarios más fascinantes de *La promesa* es el rabino Kalman, un maestro del seminario rabínico en el que estudia el mejor amigo de Danny (que es el narrador del libro). El rabino Kalman es un superviviente del Holocausto. Su mujer y sus hijos murieron en los campos de concentración. Es un judío ortodoxo muy rígido, que considera pecaminoso cuestionar los designios de Dios. Una persona debe creer de todo corazón, sin la menor sombra de duda.

Aunque Potok no lo dice explícitamente, entiendo que la función del personaje del rabino Kalman es la de servir de paralelo a Danny Saunders y Michael Gordon. Así como Michael se puso enfermo por no poder manejar el enojo que sentía por su padre, el rabino Kalman se volvió tirano y antipático al no poder enfrentarse con el enojo que sentía contra su padre celestial. El rabino Kalman no permite que duden o que cuestionen a Dios, porque sabe que en algún recóndito lugar de su mente está furiosamente enojado con Dios por la muerte de su familia, y que cualquier cuestionamiento podría llegar a provocar una explosión de enojo contra Dios, quizá con el rechazo total de Dios y la religión, y no puede arriesgarse a que esto suceda. ¿Acaso el rabino Kalman teme que su enojo, una vez descargado, sea tan poderoso que cause la destrucción de Dios? ¿O tiene miedo de que, en el caso de confesar su enojo, Dios le castigue aún más? En la novela, Michael se cura cuando le enseñan a no tener miedo de su ira. Es comprensible, normal y menos destructiva de lo que creyó. Se le dice, para su alivio, que está aceptable enojarse con la gente a la que uno ama. Pero nadie le dice al rabino Kalman que está aceptable enojarse con Dios.

En realidad, irritarse con Dios no hace daño a Dios ni le lleva a tomar medidas contra nosotros. Si dar salida a nuestro enojo con Dios, cuando atravesamos una situación dolorosa, nos hace sentir mejor, somos libres de hacerlo. Lo único errado es pensar que lo que nos sucedió fue en realidad culpa de Dios. ¿Qué hacer con nuestro enojo cuando hemos sido heridos? El objetivo, si podemos alcanzarlo, sería enojarnos con la situación, en vez de hacerlo con nosotros mismos, con los que podían haberla prevenido o se encuentran cerca de nosotros tratando de ayudarnos, o con Dios, que permitió que ocurriera. Enojarnos con nosotros mismos nos provoca depresión. Enojarnos con la gente hace que esas personas se alejen de nosotros, lo que dificulta la ayuda que nos puedan brindar. Enojarnos con Dios erige una barrera entre nosotros y los medios de apoyo y alivio de la religión, que existen para ayudarnos en momentos difíciles. Pero enojarnos con la situación, reconociéndola como algo injusto y totalmente inmerecido, gritar contra ella, denunciarla y llorar nos permite descargar el enojo que forma parte de nuestra dolorosa situación, sin impedir que nos brinden ayuda.

Los celos son parte inevitable de las heridas de la vida, como pueden serlo la culpa y la cólera. ¿Cómo puede la persona herida no sentir celos de quienes tuvieron mejor suerte sin merecerla? ¿Cómo puede la viuda no sentir celos, hasta de sus mejores amigas que al volver a casa encuentran a sus maridos? ¿Cómo debería reaccionar una mujer a la que el médico le acaba de anunciar que nunca podrá tener hijos, cuando su cuñada le confiesa que algo debe haber salido mal y puede ser que esté embarazada por cuarta vez?

No tiene sentido dar sermones morales contra los celos. Son un sentimiento muy fuerte, nos tocan muy profundamente, nos hieren donde más nos duele. Algunos psicólogos piensan que el origen de los celos se encuentra en la rivalidad entre hermanos. De niños competimos con nuestros hermanos y hermanas por el limitado amor y atención de nuestros padres. Es muy importante para nosotros, no solamente ser tratados bien, sino que nos traten mejor que a los demás. La pechuga del pollo, el plato más lleno de natillas, no son solamente porciones de comida sino declaraciones simbólicas acerca de qué niño es más querido por sus padres. Competimos en este concurso por amor, no por la comida. (¿Sabía usted que la primera mención de la palabra "pecado" en la Biblia no está relacionada con Adán y Eva comiendo el fruto prohibido, sino con Caín matando a su hermano Abel en un ataque de celos, porque Dios prefirió la ofrenda de Abel a la suya?) Es posible que al crecer nunca superemos en realidad estos hábitos de competencia de la niñez, la necesidad de que nos aseguren que somos "más amados", así como puede ser que tampoco transformemos la costumbre de concebir a Dios como un Padre Celestial. Para nosotros, sufrir un accidente o la muerte de un ser querido es algo bastante malo. Pero sufrir mientras que los que nos rodean no sufren, es todavía peor, ya que despierta en nosotros toda la rivalidad de la niñez y parece proclamar ante el mundo que Dios les ama más a ellos de lo que nos ama a nosotros.

Podemos comprender lógicamente que no seríamos personas más sanas si nuestros amigos y vecinos estuvieran gravemente enfermos y que tampoco nos provocaría placer que enfermaran. Sabemos muy bien que estaríamos igual de solas si los maridos de nuestras amigas murieran, y no deseamos que esto suceda. (Algún día podría suceder y entonces tendríamos que enfrentarnos con nuestros sentimientos de culpa por haberlo deseado.) Podemos saberlo y a pesar de todo sentirnos resentidos con ellos por tener su salud, sus familias, sus empleos, mientras que nosotros hemos perdido los nuestros. Incluso podemos entender que cuando nos molesta la buena fortuna de la gente que nos rodea, les dificultamos la ayuda que pueden brindarnos, ya que ellos sienten nuestro alejamiento y nuestro resentimiento. Sabemos que al sentir celos nos herimos a nosotros mismos más que a ninguna otra persona. Pero de todos modos seguimos sintiéndonos de esta manera.

Una antigua historia china habla de una mujer que, acongojada al morir su único hijo, fue a visitar a un hombre santo y le preguntó:

—¿Qué rezos, qué artes mágicas tienes para traer a mi hijo de vuelta a la vida?

En lugar de despedirla o razonar con ella, el hombre santo le contestó:

—Tráeme una semilla de mostaza de un hogar que nunca haya conocido el dolor. La usaremos para expulsar el dolor de tu vida.

La mujer salió enseguida en busca de la mágica semilla de mostaza. Llegó primero a una espléndida mansión, golpeó a la puerta, y dijo:

—Estoy buscando un hogar que nunca haya conocido el dolor. ¿Es éste el lugar?

—Te has equivocado de sitio —le respondieron, y comenzaron a describirle todos los terribles acontecimientos ocurridos en los últimos tiempos. Entonces la mujer se dijo a sí misma:

—¿Quién puede ser más capacitada que yo, que sufrí tanto, para ayudar a estos desdichados?

Tras consolar a los habitantes de la mansión, continuó la búsqueda del hogar que nunca hubiera conocido el dolor. Pero dondequiera que fuera, en chozas y en palacios, sólo encontró historias de tristeza e infortunio. Finalmente, se envolvió tanto en la pena de los demás que se olvidó de preguntar por la semilla mágica de mostaza, sin darse cuenta de que esta búsqueda la ayudó a expulsar el infortunio de su vida.

Es posible que ésta sea la única cura para los celos: darnos cuenta de que la gente que envidiamos por tener lo que nos falta a nosotros quizá tiene sus propias cicatrices y que posiblemente nos esté envidiando a nosotros. La mujer casada que trata de consolar a su vecina viuda, es posible que tenga miedo de que su marido pierda el empleo. O quizá tenga un hijo delincuente que le causa honda preocupación. La cuñada embarazada tal vez sufra de problemas de salud.

Cuando yo era un joven rabino, muchas veces la gente se resistía a que la ayudara a superar su pena. ¿Quién era yo, joven, saludable, con un buen empleo, para recitar clichés acerca de compartir el dolor? Con el correr del tiempo, al ir enterándose de la enfermedad de nuestro hijo, esa resistencia desapareció. Ahora aceptan que los consuele, ya que no tienen motivos para envidiar mi buena fortuna, en contraste con su mala suerte. A sus ojos dejé de ser el niño mimado de Dios, pasando a convertirme en un hermano en el sufrimiento; así logré que me permitieran ayudarles.

Pero todo ser humano es nuestro hermano o hermana en el sufrimiento. Nadie viene a nosotros de un hogar que no ha conocido el dolor. Vienen a ayudarnos porque saben lo que es ser heridos por la vida.

No creo que debamos cotejar entre nosotros nuestros problemas. ("¿Tú piensas que tienes problemas? Déjame que te cuente los míos y te darás cuenta de lo afortunado que eres".) Este tipo de competencia no resuelve nada; es tan mala como la competencia que engendra la rivalidad y los celos entre hermanos. La persona afligida no desea una invitación para sumarse a los Juegos Olímpicos del Sufrimiento. Pero nos ayudaría mucho recordar esto: quizá la pena y la angustia no estén equitativamente distribuidas en el mundo, pero su difusión es muy amplia. Cada uno recibe su cuota. Si conociéramos los hechos como son, difícilmente encontraríamos alguien a quien envidiar.

Siete

Dios no puede hacerlo todo, pero puede hacer algunas cosas importantes

Son casi las once de la noche cuando suena el teléfono en mi casa. Los teléfonos tienen una manera especial, ominosa, de sonar a horas tardías de la noche, señalándonos antes de responder que algo malo está sucediendo. Respondo, y la voz al otro lado de la línea se identifica como alguien a quien no conozco, ni es miembro de mi congregación. Me dice que su madre está en el hospital y que a la mañana siguiente será sometida a una operación. Me pide por favor si podría rezar por su recuperación. Intento obtener más información, pero el hombre está claramente inquieto y trastornado. Termino tomando nota del nombre hebreo de su madre, asegurándole que la oración será pronunciada, y deseándole la mejor de las suertes a él y a su madre. Cuelgo y, como siempre, me siento turbado después de una conversación de este tipo. Rezar por la salud de una persona o para que una operación resulte favorable tiene implicaciones que deberían perturbar a toda persona consciente. Si los rezos funcionaran como muchas personas piensan, nadie moriría jamás, pues ninguna plegaria se reza tan sinceramente como la que tiene que ver con la vida, la salud y la recuperación de un enfermo, ya seamos nosotros o nuestros seres queridos.

Si creemos en Dios, pero no le hacemos responsable de las tragedias de la vida; si creemos que Dios quiere justicia e igualdad, mas no siempre puede disponerlas ¿qué hacemos al rezar implorando un resultado favorable cuando tiene lugar una crisis en nuestras vidas?

¿Acaso creo yo —y el hombre que me telefoneó— en un Dios que posee el poder de curar enfermedades e influir en el resultado de una intervención quirúrgica, y que lo hará sólo si la persona adecuada recita las palabras adecuadas en el lenguaje adecuado? ¿Dejará Dios morir a una persona porque un extraño que rezó por ella se equivocó al decir alguna palabra? ¿Quién podría respetar o adorar a un Dios cuyo mensaje implícito fuera "podría haberlo hecho sanar, mas no rogaste ni te lamentaste lo suficiente"?

En caso de que no nos otorguen lo que pedimos, ¿cómo evitamos sentirnos enojados con Dios, o sentir que fuimos juzgados y nos hallaron en falta? ¿Cómo evitamos sentir que Dios nos abandonó cuando más lo necesitábamos? ¿Y cómo evitamos la alternativa igualmente indeseable, de sentir que Dios nos ha desaprobado?

Imagine la mente y el corazón de un niño tullido que ha sido educado con historias piadosas de finales felices, historias de personas que rezan y son milagrosamente curadas. Imagine a ese niño rezando con toda su sinceridad e inocencia que Dios lo transforme en un niño como los demás. E imagine su angustia, su enojo contra Dios y contra las personas que le contaron esas historias, o contra sí mismo al darse cuenta de que su defecto será permanente. ¿Cree usted que puede haber una mejor manera para conseguir que los niños odien a Dios que enseñarles que Dios podría haberles curado mas, "por su propio bien decidió no hacerlo"?

Hay varias formas de responder a la persona que pregunta por qué no recibió lo que pidió en sus rezos. La mayoría de las respuestas son problemáticas y nos llevan a sentir culpa, angustia o desesperanza:

• No recibiste lo que pediste en tus rezos porque no lo merecías.

• No recibiste lo que pediste en tus rezos porque no rezaste con suficiente fuerza.

• No recibiste lo que pediste en tus rezos porque Dios sabe mejor que tú lo que más te conviene.

• No recibiste lo que pediste en tus rezos porque el rezo de otra persona por un resultado opuesto tuvo más valor.

• No recibiste lo que pediste en tus rezos porque los rezos son una ilusión. Dios no escucha rezos.

• No recibiste lo que pediste en tus rezos porque Dios no existe.

Si no estamos satisfechos con ninguna de estas respuestas, pero no queremos abandonar la idea del rezo, existe otra posibilidad. Podemos cambiar al tiempo nuestro concepto de lo que significa rezar y de lo que significa que nuestros rezos sean respondidos.

El Talmud, la recopilación de las discusiones de la Ley Judía que mencioné anteriormente, cita algunos ejemplos de malos rezos, rezos inapropiados que nunca tendrían que pronunciarse. Si una mujer está embarazada, ni ella ni el marido deben rezar pidiendo que Dios permita que ese niño sea varón (ni tampoco, para que sea mujer). El sexo del niño está determinado en el momento de la concepción y Dios no puede ser invocado para que lo cambie. Por otra parte, si un hombre observa un coche de bomberos dirigiéndose hacia su barrio, no debe invocar a Dios pidiéndole que no permita que sea su casa la que se esté incendiando. Rezar para que sea la casa de otra persona la que se queme en vez de la nuestra, no solamente demuestra bajeza de espíritu sino que además es inútil. Cuando una casa se está incendiando, ni siquiera la más sincera y articulada de las oraciones influirá sobre la cuestión de cuál sea es la casa.

Podemos extender esta lógica a ciertas situaciones contemporáneas. Sería igualmente impropio para un graduado de la escuela superior que recibe una carta de la oficina de admisión de una universidad, orar pidiendo que la carta sea de admisión; o para una persona que espera ansiosa el resultado de una biopsia, pedir a Dios que deje que todo salga bien. Como en los casos talmúdicos de la mujer embarazada y de la casa que se quema, ya existen ciertas condiciones. No podemos pedirle a Dios que vuelva a escribir el pasado.

Tampoco —como ya hemos sugerido— podemos pedirle

que cambie las leyes de la naturaleza para nuestro beneficio, que haga menos fatales ciertas situaciones, o que desvíe
el curso inexorable de una enfermedad. A veces ocurren
milagros. Enfermedades malignas desaparecen misteriosa-
mente y pacientes incurables se recuperan. Los médicos
atónitos, imputan el fenómeno a Dios. Todo lo que nos
queda en un caso semejante es hacernos eco del asombro
y la admiración de los médicos. No sabemos por qué algunas personas se recuperan espontáneamente de una enfermedad que mata o deja tullidas a otras. No sabemos por
qué algunas personas mueren en accidentes automovilísticos o de aviación, mientras que otras, sentadas a su lado,
salen con algunos cortes y magulladuras, además de un
gran susto. No puedo creer que Dios elija escuchar los
rezos de algunas personas y no los de otras. No hay ninguna razón aparente para que haga esto. Ninguna investigación exhaustiva de las vidas de los muertos y de los
supervivientes en el accidente nos ayudaría a aprender a
vivir y rezar para conseguir también nosotros el favor
de Dios.

Cuando ocurren los milagros y la gente sobrevive contra todas las expectativas, haríamos bien en inclinarnos
para reverenciar y agradecer la presencia del milagro, en
vez de pensar que fue el resultado de nuestros rezos, con-
tribuciones o abstinencias. Porque la próxima vez que lo
intentemos, podremos volver a preguntarnos por qué
nuestros rezos fueron ineficaces.

Otra categoría inadecuada de rezos son las oraciones
cuya intención es causar daño a otra persona. Si el rezo,

como la religión en su totalidad, cumple la función de ensanchar nuestras almas, no debería ser puesto al servicio de la maldad, la envidia o la infamia. Una vez me contaron la historia de dos comerciantes que eran rivales encarnizados. Sus comercios estaban situados uno frente al otro y se pasaban el día en la puerta observando cómo el otro hacía sus negocios. Cuando un cliente entraba en uno de los comercios, el agraciado sonreía triunfante a su rival. Una noche, un ángel se le apareció en sueños a uno de ellos y le dijo:

—Dios me ha enviado para enseñarte una lección. Él te otorgará cualquier cosa que le pidas, pero quiero que sepas que, sea lo que sea, tu competidor del otro lado de la calle recibirá el doble. Si quieres ser rico, puedes llegar a serlo mucho, pero él lo será doblemente. Si quieres una vida larga y saludable te será concedida, pero la de él será doblemente larga y saludable. Puedes ser famoso, tener hijos de los que te enorgullezcas, lo que desees. Pero, obtengas lo que obtengas, él recibirá el doble.

El hombre frunció el ceño, pensó un momento, y luego dijo:

—Está bien: ¡Déjame tuerto!

Por último, no podemos rezarle a Dios para que realice algo que nosotros mismos podríamos hacer para ahorrarnos el esfuerzo. El teólogo contemporáneo, Jack Riemer, escribió estas palabras en *Likrat Shabbat*:

No podemos simplemente rezarte, oh Dios, para que pongas
 fin a las guerras,

porque sabemos que creaste al mundo de manera
que el hombre debe encontrar su propio sendero hacia la paz
    dentro de si mismo y con su prójimo.
No podemos simplemente rezarte, oh Dios, para que pongas
    fin al hambre,
porque ya nos diste los recursos
con los que alimentar al mundo entero si los usamos
    sabiamente.
No podemos simplemente rezarte, oh Dios,
para que erradiques el prejuicio,
porque ya nos has dado la vista
con la que podemos ver lo bueno que hay en cada hombre si la
    usamos correctamente.
No podemos simplemente rezarte, oh Dios, para que pongas
    fin a la desesperanza,
porque ya nos diste el poder
para limpiar los barrios bajos y dar esperanza
si utilizamos nuestro poder con justicia.
No podemos simplemente rezarte, oh Dios, para que pongas
    fin a la enfermedad,
porque ya nos diste la inteligencia
con la que poder buscar curas y remedios
si la usamos constructivamente.
En cambio te rezamos, oh Dios,
para que nos des fuerza, determinación y voluntad,
para hacer en lugar de simplemente rezar,
para ser en vez de sólo desear.

Si no podemos rezar pidiendo lo imposible o lo antinatu-
ral, si no podemos rezar motivados por un sentimiento de

venganza o de irresponsabilidad, pidiendo a Dios que haga nuestro trabajo por nosotros, ¿qué podemos pedir en nuestros rezos? ¿Qué puede hacer una oración para ayudarnos cuando estamos heridos?

Lo primero que hace un rezo por nosotros es ponernos en contacto con otra gente, con personas que comparten nuestras preocupaciones, valores, sueños y dolores. A fines del siglo XIX y principios del XX, vivió uno de los fundadores de la sociología, un francés llamado Émile Durkheim. Nieto de un rabino ortodoxo, Durkheim se interesó por el papel que juega la sociedad en moldear la perspectiva ética y religiosa de las personas. Para investigar cómo era la religión antes de ser formalizada con libros de oración y un clero profesional, pasó muchos años de su vida viviendo en las islas de los Mares del Sur estudiando la religión de los nativos. En 1912 publicó su obra fundamental *Formas elementales de la vida religiosa,* en la que sugiere que el propósito principal de la religión en sus niveles más elementales no era poner a las personas en contacto con Dios, sino ponerlas en contacto entre ellas. Los ritos han enseñado a la gente a compartir con los miembros de su comunidad las experiencias del nacimiento y del duelo, del matrimonio de los hijos y de la muerte de los padres. Había rituales para la siembra de la cosecha, el solsticio de invierno y para el equinoccio de verano. De esta manera, la comunidad estaría capacitada para compartir los momentos más alegres y más amedrentadores de la vida. Nadie tendría que enfrentarlos solo.

Pienso que incluso ahora ésta es la función que mejor cumple la religión. Hasta personas que no sienten inclinación por los ritos contraen matrimonio pronunciando las palabras tradicionales de la ceremonia religiosa, en presencia de sus familiares y amigos, a pesar de que el matrimonio tendría la misma validez legal si fuera realizado en la intimidad del despacho del juez de paz. Sentimos la necesidad de compartir con otra gente nuestras alegrías y, más aún, nuestros temores y penas. La costumbre judía de practicar el *shiva,* la semana de recuerdo que sigue a una muerte, y el velatorio o la visita a la capilla ardiente de los cristianos, surgen de esta necesidad. Cuando nos sentimos tan solos, marcados por la mano del destino; cuando sentimos la tentación de arrastrarnos hacia un rincón oscuro para apiadarnos de nosotros mismos, necesitamos que nos recuerden que formamos parte de una comunidad, que existe gente a nuestro alrededor que se preocupa por nosotros y que seguimos formando parte de la corriente de la vida. En estos momentos, la religión nos dicta qué debemos hacer, moviéndonos a estar con otras personas y a que les permitamos entrar en nuestras vidas.

Muchas veces, cuando me encuentro con una familia después de una muerte y antes de un servicio fúnebre, me preguntan:

—Realmente, ¿es necesario que hagamos el *shiva* y tengamos a toda esa gente molestando en nuestra casa? ¿No les podemos pedir que se marchen y nos dejen solos?

Mi respuesta es:

—No, lo más necesario en esos momentos es dejar que los demás entren en nuestro hogar, en nuestra pena. Necesitamos compartir nuestro dolor con ellos, hablar con ellos, dejar que nos consuelen. Necesitamos que nos recuerden que aún estamos vivos.

Entre los ritos judíos de duelo, hay una costumbre maravillosa llamada *se'udat havra'ah,* la comida del relleno. Cuando se vuelve del cementerio, la persona que está de duelo no debe servirse la comida (o servir a las otras personas). Son los demás los que tienen que servirle simbolizando el modo en que la comunidad se reúne a su alrededor para apoyarle e intentar llenar el vacío que se ha producido en su mundo.

Y, cuando el deudo acude a los servicios religiosos para recitar el *Kaddish,* la oración que se pronuncia durante todo el año posterior a la muerte, siente el apoyo de la congregación que le rodea. Ve y oye a otras personas dolidas, que se lamentan tanto como él y se siente menos marcado por la adversidad, reconfortado por su presencia, al ser aceptado y consolado por la comunidad y no evitado como una víctima a quien Dios consideró justo castigar.

En el incidente con el que comenzó este capítulo, un extraño me telefoneó para que rezara por su madre a la que debían operar de urgencia. ¿Por qué acepté, cuando no creo que mis oraciones (ni tampoco las suyas) empujen a Dios a cambiar el resultado de la cirugía? Al aceptar le estaba diciendo: "Escucho la preocupación que sientes por tu madre. Entiendo que estás preocupado y asustado por lo que pueda suceder. Quiero que sepas que tanto yo, como los demás miembros de esta comunidad, te acompañamos en tu sentimiento. Estamos contigo, aunque no te conozcamos, porque podemos imaginarnos a nosotros mismos en una situación semejante, esperando y necesitando todo el apoyo posible. Tenemos esperanzas y rezamos junto a ti para que todo resulte bien, para que no tengas que sentir que estás enfrentándote solo a esta terrible situación. Si te ayuda, si ayuda a tu madre saber que nosotros también nos interesamos y esperamos su pronta recuperación, déjame decirte que estamos contigo". Creo con fe sincera que saber que a la gente le importamos puede afectar el curso de la salud.

El rezo, cuando es ofrecido correctamente, redime a las personas de la soledad, les asegura que no necesitan sentirse solas y abandonadas, les hace saber que son parte de una realidad mayor, con más profundidad, esperanza, valentía y perspectivas de futuro que lo que cualquier individuo podría obtener con sus solas fuerzas. Una persona asiste a un servicio religioso y recita las oraciones tradicionales, no para encontrar a Dios (hay muchos otros lugares donde puede encontrarle), sino para encontrar una congregación, gente con la cual compartir lo mejor de uno mismo. Desde este punto de vista, ser capaz de rezar es una ayuda grande y trascendental, al margen de que los rezos puedan transformar al mundo o no.

Harry Golden se refiere al tema en una de sus historias. Dice que cuando era joven una vez preguntó a su padre:

—Si no crees en Dios, ¿Por qué asistes tan regularmente a la sinagoga?

—Verás —respondió su padre—. Los judíos asisten a la sinagoga por diferentes motivos. Mi amigo Garfinkle, que es ortodoxo, va para hablar con Dios. Yo voy para hablar con Garfinkle.

Pero esto es solamente la mitad de la respuesta a nuestra pregunta sobre para qué sirven los rezos. (Y quizá sea la mitad menos importante.) Más allá de ponernos en contacto con otra gente, la oración nos pone en contacto con Dios. No estoy seguro de que nos ponga en contacto con Dios de la forma en que piensa la mayoría de la gente, que nos aproximamos a Dios suplicando, como un mendigo que pide favores, o como un cliente presentando una lista de compras y preguntando cuál es el precio.

El rezo no es una cuestión de pedir a Dios que cambie ciertas cosas. Si logramos comprender cómo pueden y deben ser los rezos, y si abandonamos algunas expectativas irreales, estaremos más capacitados para recurrir a la oración, y a Dios, cuando más lo necesitemos.

Permítame confrontar dos plegarias de la Biblia, ambas pronunciadas por la misma persona, en casi las mismas circunstancias, con veinte años de diferencia. Las dos se encuentran en el Libro de Génesis, donde se relatan las vidas de los patriarcas. En el capítulo 28 nos encontramos a Jacob en su juventud, pasando su primera noche fuera de casa. Ha abandonado el hogar paterno tras reñir con su padre y su hermano. Viaja a pie hacia la tierra de Aram, a vivir con su tío Labán. Asustado y sin experiencia, sintiéndose avergonzado por lo que ha hecho en su casa y sin saber qué le espera en casa de Labán, reza: "Si fuere Dios conmigo, y me guardare en este viaje en que voy, y me diere pan para comer y vestido para vestir, y si volviere en paz a casa de mi padre, Jehová será mi Dios. Y esta piedra que he puesto por señal, será casa de Dios; y de todo lo que me dieres, el diezmo apartaré para ti". El rezo de Jacob es aquí la plegaria de un joven asustado, que se propone llevar a cabo algo difícil y, al no estar seguro de poder realizarlo, piensa que puede "sobornar" a Dios para que haga marchar las cosas. Está dispuesto a hacer que sea conveniente para Dios protegerle y permitirle prosperar, y al parecer cree en un Dios cuyo favor puede ser ganado y su protección comprada con promesas de rezos, piedad y adoración exclusiva. Su actitud, muy parecida a la de mucha gente que hoy se enfrenta a la enfermedad y al infortunio, se expresa de esta manera: "Por favor Dios, haz que todo salga bien esta vez y haré lo que quieras. Dejaré de mentir, asistiré a los servicios regularmente; dime qué hacer y lo haré, a cambio tan sólo de que me concedas lo que te pido". Cuando no estamos implicados personalmente, podemos reconocer fácilmente que se trata de una actitud inmadura por parte de la persona que reza. Aunque no constituye una actitud inmoral, es sin duda errónea. Las bendiciones de Dios no están en venta.

Finalmente, Jacob aprende esta lección. La historia bíblica nos cuenta que vivió veinte años en casa de Labán, contrajo matrimonio con sus dos hijas y tuvo muchos niños. Trabajó muy duro para comenzar a acumular una pequeña fortuna. Un día, decidió tomar sus esposas y niños, sus manadas y rebaños, y regresar a casa. Llegó a las orillas del río donde se detuvo para rezar en el capítulo 28. También esta vez se sentía lleno de ansiedad y de temor. Una vez más se dirigía hacia un nuevo país, hacia un futuro incierto. Sabía asimismo que al día siguiente tendría que enfrentarse con su hermano Esaú, que veinte años atrás amenazó con matarle. Una vez más Jacob rezó pero, en esta oportunidad, quizá por ser veinte años más viejo y más sabio, su plegaria fue diferente a la que pronunció en su juventud. En el capítulo 32 del Génesis, reza Jacob: "Dios de mi padre Abraham, y Dios de mi padre Isaac, Jehová, que me dijiste: Vuélvete a tu tierra y a tu parentela, y yo te haré bien; menor soy que todas las misericordias y que toda la verdad que has usado para con tu siervo; pues con mi cayado pasé este Jordán, y ahora estoy sobre dos campamentos. Líbrame ahora de la mano de mi hermano, de la mano de Esaú, porque le temo... Y tú has dicho: Yo te haré bien, y tu descendencia será como la arena del mar".

En otras palabras, Jacob no utiliza más sus oraciones para tratar de negociar con Dios, ni le presenta una larga lista de pedidos (comida, ropa, prosperidad, protección). Reconoce que no existe moneda con la que pagar a Dios sus bendiciones y su ayuda. La madura plegaria de Jacob dice simplemente: "Dios, no tengo nada que pedirte ni nada que ofrecerte. No tengo derecho a esperar más de lo que me has dado. Me dirijo a Ti por una sola razón: porque Te necesito. Tengo miedo. Mañana debo enfrentarme con algo difícil, y no estoy seguro de poder hacerlo solo, sin Ti. Dios, una vez me diste motivo para pensar que podría hacer algo de mi vida. Si tal era Tu intención, ayúdame otra vez, porque no puedo enfrentarme solo a esta situación".

Jacob no le está pidiendo a Dios que haga desaparecer a Esaú, que lo paralice o que borre su memoria por arte de magia, sino que le ruega que le ayude a superar su temor, haciéndole saber que Él está a su lado; que pase lo que pase al día siguiente, podrá manejar la situación porque no tendrá que enfrentarla solo.

Éste es el tipo de rezo al que Dios responde. No podemos rezar para que nos libere de nuestros problemas. Tal cosa no ocurrirá. No podemos pedirle que nos haga a nosotros y a las personas que amamos inmunes a la enfermedad, porque no puede hacerlo. No podemos pedirle que pronuncie un encantamiento mágico para que las cosas malas les sucedan solamente a los demás y no a nosotros. Quienes oran pidiendo milagros no reciben más milagros que los que obtienen los niños que rezan pidiendo una bicicleta o buenas notas, o las personas que piden un novio o novia. Pero las personas que rezan pidiendo coraje, valor, fuerzas para soportar lo insoportable por la gracia de recordar lo que aún les queda en vez de lo que han perdido, descubren muchas veces que sus rezos son respondidos. Descubren que poseen más fuerzas y más coraje del que creyeron tener. ¿Dónde los obtuvieron? Me gustaría pensar que sus rezos les ayudaron a encontrar la fuerza, liberar las ocultas reservas de fe y coraje que antes no tenían a su disposición. La viuda que el día del funeral de su marido se pregunta qué razón puede tener para vivir en ese momento, pero que en el curso de las semanas siguientes encuentra motivos para levantarse por la mañana y seguir adelante; el hombre que perdió su empleo o tuvo que cerrar su comercio y me dice que está muy viejo y cansado para comenzar de nuevo, pero que de todos modos comienza de nuevo, ¿de dónde obtuvieron la fuerza, la esperanza, el optimismo, que no tenían el día que me hicieron estas preguntas? Me gustaría creer que recibieron todo eso del contexto de la comunidad que se preocupa, de la gente que les demostró que a ellos les importa, y del conocimiento que Dios está de parte del afligido y del apesadumbrado.

Si nos imaginamos la vida como una especie de juegos olímpicos, algunas de las crisis de la vida son como carreras cortas: requieren un máximo de concentración emocional durante un tiempo breve. Al rato se acaban, y la vida retorna a la normalidad. Pero otras crisis son como carreras de fondo: exigen que nos concentremos durante un período más largo, y esto puede ser mucho más difícil.

He visitado gente en el hospital después de haber sufrido quemaduras, o de haberse roto la espalda en un accidente. Durante los primeros días están agradecidas por encontrarse con vida, llenos de confianza.

—Soy un luchador, no me daré por vencido.

En este período los amigos y los familiares se congregan a su alrededor, apoyándoles, cuidando su bienestar, llenos de simpatía y preocupación. Después, cuando los días se convierten en semanas y meses, el ritmo de la crisis que se extiende comienza a afectar por igual al paciente y al pariente. El enfermo se impacienta con la rutina diaria y la aparente falta de progreso. Se irrita con sí mismo por no mejorar más rápido, o con los médicos, por no poseer la magia precisa que produzca resultados instantáneos. La esposa, tan solícita cuando diagnosticaron el cáncer de pulmón del marido, se da cuenta de que cada día está más irritable e impaciente.

—Claro que siento lástima por él —dice—, pero yo también tengo mis necesidades. Durante años trabajó de más, no se preocupó por su salud, y ahora, cuando se encuentra en esta situación, espera que yo abandone mi propia vida y me convierta en su enfermera.

Es evidente que ama a su marido y que se siente mal porque está enfermo. Pero puede que se esté cansando de la penosa experiencia sin un final cercano. Quizá tenga miedo de enviudar, se sienta preocupada por su futuro económico, enojada con el esposo por haber enfermado (especialmente si ha estado fumando o no ha cuidado su salud), desgastada por el insomnio que le causan las preocupaciones. Está experimentando el miedo y la fatiga, que se expresan como impaciencia y enojo.

De manera similar, los padres de un niño retrasado se enfrentan a una situación sin perspectiva de final. Los primeros años de simpatía y resignación deleitándose con cada paso vacilante y cada palabra balbuceada, pueden dar lugar a un período de frustración y enojo, cuando el niño se atrasa más y más en relación con los niños de su edad y olvida todo lo que a duras penas le enseñaron. Probablemente los padres se sentirán culpables y se harán reproches por perder la paciencia con un niño que no tiene la culpa de sus limitaciones. ¿De dónde extraen la fuerza que necesitan para continuar día tras día? O, para el caso, ¿de dónde sacan el coraje para enfrentarse a un nuevo día el hombre afectado de un cáncer inoperable, o la mujer que sufre del mal de Parkinson, cuando no tienen perspectivas de un final feliz? Tengo fe en que Dios es la respuesta también para esta gente, aunque no de la misma manera. No creo que Dios provoque el retraso mental de los niños o que decida quién debe sufrir de atrofia muscular. El Dios en el que creo no nos envía el problema; nos da la fuerza para hacerle frente.

¿De dónde podremos obtener el vigor para seguir adelante cuando hemos agotado nuestras reservas? ¿A quién le pediremos paciencia cuando se nos ha agotado, cuando sentimos que hemos sido muy pacientes durante más años de los que se le puede pedir a una persona y no hay perspectiva de un final feliz? Tengo fe en que Dios nos da fuerza, paciencia y esperanza, en que renueva nuestras reservas espirituales cuando se nos agotan. ¿De qué manera la gente enferma consigue encontrar más energía y mejor humor que cualquier otra persona, a no ser que Dios alimente sus almas? ¿De qué otra forma juntan fuerza las viudas para recomenzar sus vidas y enfrentarse solas al mundo, cuando el día del funeral de sus maridos carecían de dicha fuerza? ¿De qué otra manera vuelven los padres de un joven subnormal a sus responsabilidades cotidianas sino apoyándose en Dios cuando se sienten débiles?

No tenemos que rogar a Dios ni sobornarle para que nos dé fuerzas, esperanza o paciencia. Sólo tenemos que dirigirnos a Él admitiendo que necesitamos ayuda, y aprender que soportar con coraje una larga enfermedad es una de las acciones más humanas —y más divinas— que jamás podremos realizar. Una de las cosas que constantemente me aseguran que Dios es real, y no una idea inventada, es el hecho de que la gente que reza pidiendo fuerzas, esperanzas y coraje encuentre con tanta frecuencia unas cantidades de fuerza, esperanza y coraje que no poseían antes de rezar.

También creo que los niños enfermos deben rezar para

obtener la fuerza que les ayude a soportar sus padecimientos. Deben rezar para que la enfermedad y el tratamiento no les provoquen demasiado dolor. Deben rezar para librarse de los miedos, sin sentirse avergonzados por expresarlos en voz alta, y deben rezar para restablecer la certeza de que no están solos. Dios se encuentra cerca de ellos, también de noche en el hospital, cuando los padres han vuelto a casa y los médicos ya se han retirado. Dios continúa estando con ellos también cuando están tan enfermos que los amigos ya no los vienen a visitar. El miedo al dolor y el miedo al abandono constituyen quizá el aspecto de la enfermedad que más preocupa al niño, y el rezo debe usarse para calmarlos. Los niños enfermos pueden rezar pidiendo un milagro que les devuelva la salud, siempre que no sientan que Dios los juzga para decidir si lo merecen. Deben rezar porque la alternativa sería perder la esperanza y contar las horas que faltan hasta el final.

—Si Dios no puede hacer desaparecer mi enfermedad, ¿para qué sirve? ¿Quién lo necesita?

Dios no quiere que estés enfermo o paralítico. Él no te hizo tener este problema, ni quiere que sigas teniéndolo, pero no puede hacerlo desaparecer. Esto es algo muy difícil, hasta para Dios. ¿Para qué sirve, entonces, Dios? Dios crea a las personas que se convierten en médicos y enfermeras para tratar de hacerte sentir mejor. Dios nos ayuda a ser fuertes y valientes, incluso cuando estamos enfermos y asustados. Él nos devuelve la certeza de que no tendremos que enfrentarnos solos a nuestro destino, a nuestro miedo y a nuestros dolores.

La explicación convencional, esto es, que Dios nos envía

la carga porque sabe que somos lo suficientemente fuertes para soportarla, ha confundido todo. Es el destino, y
no Dios, el que nos envía el problema. Cuando tratamos
de enfrentarnos con él, nos damos cuenta de que no
somos fuertes, que somos débiles: nos cansamos, nos irritamos, nos sentimos abatidos. Comenzamos a preguntarnos de dónde sacamos fuerza para continuar viviendo.
Pero cuando llegamos al límite de nuestras fuerzas y coraje,
algo inesperado sucede. Encontramos un vigor que se ge-
nera fuera de nosotros mismos y, con el conocimiento de
que no estamos solos, que Dios está a nuestro lado, seguimos adelante.

Así fue cómo respondí a la joven viuda que me desafió
a que le demostrara la eficacia del rezo. Su marido acababa
de morir de cáncer y me contó que, en las últimas etapas
de su enfermedad, rezó por su recuperación. También rezaron todos sus parientes y vecinos. Un vecino protestante
invocó al círculo de rezos de su iglesia, y un vecino católico pidió la intervención de San Judas, patrón de las causas perdidas. Cada variedad, lenguaje e idioma de plegaria
se unieron a su favor, mas ninguno funcionó. Murió tal
como fue pronosticado por los médicos, dejándola a ella y
a los niños sin marido y sin padre.

—Después de todo esto —me dijo la mujer—, ¿cómo podemos tomar los rezos en serio?

—¿Crees de verdad —pregunté— que tus rezos no fueron
respondidos? Tu marido murió; no hubo ninguna cura milagrosa para su enfermedad. Pero, ¿qué sucedió? Tus amigos y parientes rezaron. Judíos, católicos y protestantes. En
un momento en el que te sentías desesperadamente sola,

descubriste que no era así. Descubriste que mucha gente sufría por ti y contigo y esto es importante. Trataban de decirte que lo que te sucedía no se debía a que fueras mala, que era una injusticia que nadie podía solucionar. Intentaban transmitirte que la vida de tu marido significaba mucho también para ellos, no sólo para ti y tus niños, y que pasara lo que pasase, no te quedarías completamente sola. Éste era el mensaje de sus rezos, y sospecho que fue muy significativo para ti.

¿Y qué decir respecto a *tus* rezos? ¿No fueron respondidos? Te enfrentaste a una situación que podía haberte quebrado el espíritu, que podía haberte convertido en una mujer amargada, retraída, envidiosa de todas las familias a tu alrededor, incapaz de responder a la promesa de estar viva. De alguna manera no sucedió tal cosa. De alguna manera hallaste fuerzas para no desmoronarte, encontraste el resorte para seguir viviendo e interesarte por otras cosas. Como Jacob en la Biblia, te enfrentaste a una situación aterradora, oraste pidiendo ayuda y descubriste que eres más fuerte y más capaz de manejar la situación de lo que jamás creíste. En tu desesperación abriste tu corazón en la plegaria. ¿Y qué pasó? No conseguiste un milagro que impidiera la tragedia, pero descubriste gente a tu alrededor, y a Dios a tu lado, y fuerza dentro de ti para ayudarte a sobreponerte a la tragedia.

Para mí, éste es un ejemplo de rezo escuchado. Así se lo ofrezco.

Ocho

———

Entonces, ¿para qué sirve la religión?

En cierto sentido he estado escribiendo este libro durante quince años. Desde el día en que escuché la palabra "progeria" y me dijeron lo que significaba, supe que alguna vez tendría que enfrentarme a la decadencia y muerte de Aaron. Supe que, después de que muriera, sentiría la necesidad de escribir un libro, de compartir con otras personas la historia de cómo conseguimos seguir creyendo en Dios y en el mundo después de haber sido lastimados. No tenía idea de qué nombre le pondría al libro, ni estaba completamente seguro de lo que escribiría en él. Pero sabía que la página que vendría después del título llevaría una dedicatoria para Aaron. Podía ver la dedicatoria y, bajo ella, aquella cita de la Biblia en la que el Rey David exclama después de la muerte de su hijo: "¡Absalón, hijo mío! ¡Quién me diera que fuera yo el muerto en tu lugar! ¡Absalón, hijo mío, hijo mío!"

Un día, año y medio después de la muerte de Aaron, me di cuenta de que, en mi imaginación, comenzaba a ver esa página de manera diferente. En vez del pasaje en el que

David desea haber muerto en lugar de su hijo, vi las palabras de David tras la muerte de un hijo que tuviera anteriormente, el pasaje que de hecho usé parcialmente en la dedicatoria de este libro:

> Mas David, viendo a sus siervos hablar entre sí, entendió que el niño había muerto; por lo que dijo David a sus siervos: ¿Ha muerto el niño? Y ellos respondieron: Ha muerto. Entonces David se levantó de la tierra, y se lavó y se ungió, y cambió sus ropas, y entró a la casa de Jehová, y adoró. Después vino a su casa, y pidió, y le pusieron pan, y comió. Y le dijeron sus siervos: ¿Qué es esto que has hecho? Por el niño, viviendo aún, ayunabas y llorabas; y muerto él, te levantaste y comiste pan. Y él respondió: Viviendo aún el niño, yo ayunaba y lloraba, diciendo: ¿Quién sabe si Dios tendrá compasión de mí, y vivirá el niño? Mas ahora que ha muerto, ¿para qué he de ayunar? ¿Podré yo hacerle volver? Yo voy a él, mas él no volverá a mí.
>
> (II Samuel 12: 19–23)

Supe entonces que había llegado el momento de escribir mi libro. Había superado la autocompasión hasta el punto en que podía hacer frente a la muerte de mi hijo y aceptarla. Un libro que contara lo herido y dolido que me sentía no serviría de mucho. Tenía que ser un libro que afirmara la vida. Tenía que decir que nadie nos prometió nunca una vida libre de dolor y desazón. Lo máximo que nos prometieron fue que no estaríamos solos en nuestro dolor, y que podríamos conseguir energía y coraje, de una fuerza exterior a nosotros, para sobrevivir las tragedias y las injusticias de la vida.

Ahora, debido a la vida y a la muerte de Aaron, soy una persona más sensible, un pastor más eficaz y un consejero más comprensivo precisamente a causa de mi tragedia. Y entregaría todas estas ganancias en un segundo si pudiera tener a mi hijo de nuevo conmigo. Si pudiera elegir, renunciaría a todo el crecimiento y profundidad espiritual que obtuve con mis experiencias, y volvería a ser lo que fui hace quince años, un rabino común, un consejero indiferente, ayudando a algunas personas e incapaz de ayudar a otras, y padre de un niño brillante y feliz. Pero no puedo elegir.

Creo en Dios. Pero no creo las mismas cosas en que creía hace años, cuando estaba creciendo o cuando era un estudiante de teología. Reconozco sus limitaciones. Está limitado en lo que puede hacer por las leyes de la naturaleza, por la evolución de la naturaleza humana y por la libertad moral humana. No hago a Dios responsable de las enfermedades, accidentes y desastres naturales, porque me doy cuenta que gano poco y pierdo mucho cuando le culpo por estas cosas. Puedo adorar más fácilmente a un Dios que odia el sufrimiento pero que no puede eliminarlo, de lo que podría adorar a un Dios que elige hacer sufrir a los niños, no importa cuáles fueren sus sublimes motivos. Hace algunos años, cuando estaba de moda la "teología de la muerte de Dios", recuerdo que vi una calcomanía que decía: "Mi Dios no ha muerto; te doy el pésame por el tuyo". Sospecho que mi calcomanía diría: "Mi Dios no es cruel; lo lamento por el tuyo".

Dios no provoca nuestros infortunios. Algunos son causados por la mala suerte, otros por la mala gente, y otros son simplemente la consecuencia inevitable de que somos humanos y mortales, y vivimos en un mundo de leyes naturales inflexibles. Las cosas dolorosas que nos suceden no son castigos por nuestro mal comportamiento, ni forman parte de algún gran designio divino. Ya que la tragedia no es causada por la voluntad de Dios, no tenemos que sentirnos heridos o traicionados por Dios cuando la tragedia nos golpea. Precisamente porque creemos que Dios se siente tan agraviado como nosotros por dicha tragedia, podemos volvernos a Él pidiéndole ayuda para superarla.

¿Significa esto acaso que el sufrimiento no tiene sentido? Tal vez éste sea el desafío más significativo que se puede presentar al punto de vista por el que he abogado a lo largo de este libro. Podríamos soportar casi cualquier dolor o desazón si creyéramos que tras ellos hay una razón o un propósito. Pero hasta una carga menor se nos vuelve demasiado pesada cuando sentimos que carece de sentido. Los pacientes en un hospital de veteranos de guerra, seriamente heridos en combate, se resignan más fácilmente a sus heridas y sus dolores, que los pacientes que se han herido con la misma gravedad jugando al baloncesto o nadando en una piscina, porque pueden decirse a sí mismos que sufren por una buena causa. Por la misma razón, los padres que pueden convencerse a sí mismos de que los defectos de sus hijos sirvieron a algún propósito en algún lugar, pueden aceptarlo mejor.

¿Recuerda la historia bíblica, en el capítulo del Éxodo en que Moisés, al bajar del monte Sinaí y ver a los israelitas adorando al becerro de oro, tiró y rompió las tablas de los Diez Mandamientos? Hay una leyenda judía que cuenta que cuando Moisés descendía de la montaña con las dos tablas de piedra en las que Dios había grabado los Diez Mandamientos, no tenía problemas para cargarlas a pesar de que eran grandes y pesadas, y el sendero era escarpado. Después de todo, aunque pesadas, habían sido grabadas por Dios y eran preciosas para él. Pero, según la leyenda, cuando Moisés llegó hasta el pueblo que danzaba alrededor del becerro de oro, las palabras se borraron. Las piedras volvieron a ser lisas y demasiado pesadas para seguir cargándolas.

Podríamos soportar cualquier carga si pensáramos que lo que hacemos tiene sentido. ¿Significa esto que decir a la gente que sus enfermedades, infortunios y tragedias familiares no son calamidades enviadas por Dios como parte de algún plan suyo hace que les resulte más difícil aceptarlo?

Permítame sugerirle que las cosas malas que nos suceden en la vida no tienen ningún designio cuando nos ocurren. No suceden por algún motivo que nos haría aceptarlas de buena gana. Pero podemos darles un significado; podemos redimirlas del absurdo imponiéndoles un significado. La pregunta que deberíamos formularnos no es: "¿Por qué me sucedió esto a mí? ¿Qué hice yo para merecer esto?" Ésta es una pregunta imposible de responder y carente de sentido. Una pregunta mejor sería: "Ahora que esto me ha ocurrido ¿qué puedo hacer al respecto?"

Martin Gray, un superviviente del gueto de Varsovia y del Holocausto, relató su vida en un libro titulado *En nombre de todos los míos*. Nos dice cómo, después del Holocausto, reconstruyó su vida, tuvo éxito, contrajo matrimonio, crió una familia. La vida parecía buena después de los horrores del campo de concentración. Entonces, un día, su mujer y sus niños murieron durante un incendio forestal que destruyó su hogar en el sur de Francia. Gray quedó abatido, casi a punto de venirse abajo tras esta tragedia adicional. La gente le animó a exigir una investigación acerca de la causa del incendio, pero en lugar de ello invirtió todos los recursos con los que contaba para crear un movimiento destinado a proteger la naturaleza de futuros siniestros. Explicó que una investigación se concentraría solamente en el pasado, el dolor, el lamento y la culpa, y lo que él pretendía era fijarse en el futuro. Una investigación le obligaría a enfrentarse con otra gente para saber si hubo negligencia de parte de alguien, para saber de quién fue la culpa, y así se pondría en contra de la gente. Salir a la caza del villano, acusar a otras personas de ser responsables de nuestra miseria, solamente nos hace más solitarios. La vida, concluyó, debe ser vivida por algo, no simplemente contra algo.

También nosotros necesitamos superar las preguntas que se centran sobre el pasado y el dolor ("¿Por qué me tenía que pasar a mí?") y formular en su lugar las que abren las puertas del futuro ("Ahora que esto ha ocurrido ¿qué puedo hacer?").

Permítame citar una vez más a Dorothee Soelle, la teóloga alemana que ya he mencionado en el capítulo quinto, preguntando de qué lado estaba Dios en los campos de concentración, del lado de los asesinos o del de las víctimas. Soelle señala en su libro *Sufrimiento* que la "pregunta más importante que podemos formular acerca del sufrimiento es preguntarnos a quién le sirve. ¿Sirve a Dios o al demonio? ¿Nos permite estar vivos o nos paraliza moralmente?" La cuestión hacia la cual Soelle apunta no es de dónde viene la tragedia, sino adónde nos conduce. En este contexto, habla de "los mártires del diablo". ¿Qué quiere decir con esa expresión? Estamos familiarizados con la idea de las religiones que honran la memoria de los mártires de Dios, personas que murieron testimoniando su fe. Recordando su fe frente a la muerte, nuestra propia fe se refuerza. Tales son los mártires de Dios.

Pero las fuerzas de la desesperanza y de la incredulidad también tienen sus propios mártires, gente cuya muerte debilita la fe en Dios y en el mundo de otras personas. Si la muerte de una anciana en Auschwitz o de un niño en el hospital nos hacen dudar de Dios y de la bondad del mundo, entonces esta mujer y este niño se convierten en los "mártires del diablo", testimonios contra Dios y contra el sentido de la vida moral, en vez de ser testigos en su favor. Pero (y éste es el punto más importante de Soelle) no son las circunstancias de su muerte las que hacen que estas evidencias sean a favor o en contra de Dios: es nuestra reacción ante su muerte.

Los hechos de la vida y la muerte son neutrales. Nosotros damos al sufrimiento un significado positivo o negativo con nuestras actitudes. Las enfermedades, los accidentes, las tragedias humanas, matan a la gente. Pero no matan necesariamente la vida o la fe. Si la muerte y el sufrimiento de alguien a quien amamos nos convierten en amargados, resentidos, contrarios a toda religión, incapaces de ser felices, entonces transformamos a la persona que murió en mártir del diablo. Si el sufrimiento y la muerte de alguien querido nos lleva a explorar los límites de nuestra capacidad de fortaleza, amor y alegría, si nos lleva a descubrir fuentes de consuelo antes desconocidas, somos nosotros quienes convertimos a esa persona en un testimonio que afirma la vida y no su rechazo.

Esto significa, nos sugiere Soelle, que aún hay algo que podemos hacer por aquéllos que amamos y perdimos. No pudimos mantenerles con vida. Quizá tampoco pudimos disminuir de forma significativa su dolor. Pero lo más importante que podemos hacer por ellos después de su muerte es dejarles dar testimonio de Dios y de la vida, en vez de convertirles en los "mártires del demonio" con nuestro dolor, desesperación y pérdida de fe. Los muertos dependen de nosotros para obtener su redención e inmortalidad.

Las palabras de Soelle ponen claro cómo podemos actuar positivamente frente a la tragedia. Pero, ¿qué papel juega Dios? Si Dios no es autor de las cosas malas que le pasan a la gente buena y si no puede prevenirlas, ¿para qué sirve?

Dios ha creado un mundo en el que pasan muchas más cosas buenas que malas. Los desastres de la vida nos entristecen no solamente porque son dolorosos, sino también porque son excepcionales. La mayoría de la gente se despierta casi siempre sintiéndose bien. La mayoría de las enfermedades son curables. La mayor parte de los aviones despegan y aterrizan con éxito. La mayoría de las veces, cuando enviamos a nuestros hijos a jugar, vuelven sanos y salvos. El accidente, el robo, el tumor inoperable, son excepciones muy raras. Cuando hemos sido castigados por la vida, puede resultarnos muy difícil tenerlo presente. Cuando estamos parados frente a un objeto de gran tamaño, lo único que podemos ver es ese objeto. Solamente alejándonos de él somos capaces de apreciar el resto del panorama. Cuando la tragedia nos aturde, únicamente podemos ver y sentir la tragedia. Sólo con el tiempo y la distancia podemos ver la tragedia en el contexto de toda una vida y todo un mundo. En la tradición judía, el rezo especial conocido como el *Kaddish* por los muertos no se refiere a la muerte sino a la vida, y alaba a Dios por haber creado un mundo básicamente bueno y habitable. Recitando esta plegaria, se recuerda a la persona que está de duelo que en la vida hay cosas buenas y que vale la pena vivir. Hay una diferencia crucial entre negar la tragedia, insistiendo que las cosas siempre saldrán bien, y verla en el contexto de toda una vida, teniendo en cuenta lo que nos ha enriquecido y no solamente lo que hemos perdido.

¿En qué hace Dios diferentes nuestras vidas si no mata ni cura? Dios inspira a la gente a ayudar al prójimo que ha sido herido por la vida y, al hacerlo, les protege del peligro de sentirse solos, de creerse abandonados o juzgados. Dios hace que algunas personas quieran ser médicos o enfermeras, que estén dispuestos a sacrificarse durante días y noches de preocupación con una intensidad que el dinero no puede compensar, esforzándose para mantener la vida y aliviar el dolor. Dios mueve a las personas para que se dediquen a la investigación médica para emplear su inteligencia y energía en el estudio de las causas y posibles curas para algunas de las tragedias de la vida.

Cuando yo era niño, el comienzo del verano era el tiempo de clima más agradable del año en la ciudad de Nueva York, aunque también era una época de temor para las familias que tenían niños pequeños, por el miedo a las epidemias de polio. Pero los seres humanos usaron la inteligencia que Dios les dio para eliminar ese miedo. Durante toda la historia humana se registraron plagas y epidemias que hicieron desaparecer ciudades enteras. La gente sentía que tenía que tener seis u ocho hijos para que alguno de ellos pudiera llegar a la edad adulta. La inteligencia humana ha llegado a conocer cada vez mejor las leyes naturales que rigen la sanidad, los gérmenes, la inmunología, los antibióticos, y gracias a este conocimiento ha podido eliminar muchas de estas plagas.

Dios, que no provoca tragedias ni las impide, ayuda inspirando a la gente a ayudar. Como dijo un rabino jasídico del siglo xix: "Los seres humanos son el lenguaje de Dios". Dios muestra su oposición al cáncer y a los defectos congénitos no eliminándolos o haciendo que ocurran solamente a la gente mala (no puede hacerlo), sino que lo hace llamando a amigos y vecinos para que ayuden a llenar el vacío y a aliviar la carga. Durante la enfermedad de Aaron, fuimos apoyados por mucha gente que demostraba constantemente su cariño y su preocupación. Recuerdo a un hombre que le hizo una raqueta de tenis adecuada a su tamaño, y la mujer que le regaló un pequeño violín hecho a mano, que era una herencia de familia, y el amigo que le trajo un bate de béisbol autografiado por los Red Sox, y a todos los niños que no prestaban atención a su apariencia y limitaciones físicas al jugar con él a las canicas en el patio de atrás de la casa, sin demostrar condescendencia. Personas como éstas son "el lenguaje de Dios", son su manera de decirnos que no estamos solos ni desamparados.

De la misma manera, creo que Aaron sirvio a los designios de Dios, no por estar enfermo ni por tener una apariencia extraña (no hay motivo para que Dios quiera esto), sino por enfrentarse con tanto valor a su enfermedad y a los problemas causados por su apariencia. Estoy convencido de que sus amigos y compañeros se quedaron impresionados por su valentía y por la manera en que consiguió vivir una vida plena a pesar de sus limitaciones. También sé que algunos conocidos de nuestra familia se sintieron conmovidos con nuestro ejemplo y pudieron atravesar los tiempos difíciles de sus propias vidas con más esperanza y valor. Éstos son ejemplos de cómo Dios motiva a la gente para ayudar a quien lo necesita.

Finalmente, me gustaría decirle a la gente que pregunta para qué sirve Dios, quién necesita de la religión, si estas cosas les suceden tanto a las buenas personas como a las malas, que Dios no puede prevenir las calamidades, pero nos da fuerza y perseverancia para sobreponernos a ellas. ¿De qué otro lugar podemos obtener estas cualidades que antes no teníamos? El ataque del corazón que hace que el hombre de negocios de 46 años abandone parte de sus actividades, no viene de Dios, pero la determinación de cambiar su estilo de vida, de dejar de fumar, de preocuparse menos por la expansión de sus negocios y más por pasar mayor tiempo con su familia, porque sus ojos percibieron lo que realmente es importante para él... todas estas cosas vienen de Dios. Dios no está a favor de los ataques del corazón; éstas son las respuestas de la naturaleza a la tensión sufrida por el cuerpo. Pero Dios está a favor de la auto-disciplina y de que formemos parte de una familia.

La inundación que asola una ciudad no es "un acto de Dios" aunque a las compañías de seguros les resulte útil llamarla así. Pero el esfuerzo que la gente hace para salvar vidas, arriesgando la suya propia para librar de la muerte a un extraño, y la determinación para reconstruir la comu-nidad después que las aguas de la inundación han retroce-dido, constituyen un verdadero acto de Dios.

Cuando una persona se está muriendo de cáncer, no hago responsable a Dios por la enfermedad ni por los do-lores que siente. Tienen otras causas. Pero he visto a Dios darle la fuerza a esta gente para tomar cada hora como viene, y para estar agradecidos por un día de sol o por estar relativamente libres de dolor.

Cuando gente que nunca fue fuerte se vuelve vigorosa frente a la adversidad, cuando gente que tendía a pensar solamente en sí misma se transforma en valiente y carita-tiva a resultas de una emergencia, no me queda sino pre-guntarme de dónde obtuvieron estas cualidades que ellos mismos admitían no poseer antes. Mi respuesta es que se trata de una de las maneras que tiene Dios de ayudar-nos cuando sufrimos más allá de los límites de nuestras fuerzas.

La vida no es justa. La gente buena que no lo merece enferma, es asaltada o muere en guerras y accidentes. Al-gunas personas ven las injusticias de la vida y deciden: "Dios no existe; el mundo no es más que caos". Otros ven las mismas injusticias y se preguntan: "¿De dónde obtengo el sentido de lo que es justo o injusto? ¿De dónde obtengo mi sentido de indignación, mi reacción instintiva de solidaridad cuando leo en el periódico acerca de un desconocido que ha sido castigado por la vida? ¿No recibo todas estas cosas de Dios? ¿No planta Él en mí una pizca de Su divina indignación contra la injusticia y la opresión, así como lo hizo con los profetas de la Biblia? Mi sentido de compasión, ¿no es por ventura un reflejo de la compasión que Él siente cuando ve sufrir a Sus criaturas?" Nuestra reacción solidaria y legítimamente indignada contra las injusticias de la vida, que son la compasión y la ira divinas expresadas a través nuestro, pueden constituir la prueba más segura de la existencia de Dios.

La religión por sí sola puede afianzar el sentido de autovaloración del doliente. La ciencia puede describir lo que le ha ocurrido a una persona; sólo la religión puede calificarla de tragedia. Únicamente la voz de la religión, cuando se libera de la necesidad de defender a Dios y de justificarle por todo lo que pasa, puede decirle a la persona afligida: "Eres una buena persona y no me cabe duda de que te mereces algo mejor. Vamos, deja que me siente a tu lado y que esté contigo para que sepas que no estás solo".

Ninguno de nosotros puede eludir la cuestión de por qué a la gente buena le pasan cosas malas. Más tarde o más temprano, cada uno de nosotros nos descubrimos interpretando uno de los papeles de la historia de Job, ya sea como víctima de la tragedia, como familiar o como amigo que trata de consolar. Las preguntas no cambian nunca. La búsqueda de una respuesta satisfactoria continúa.

En nuestra generación, el poeta Archibald MacLeish ha

hecho su propia versión de la historia de Job en un entorno actual. La primera parte de su drama poético *J.B.*
vuelve a narrar la historia. J.B., la figura de Job, es un hombre de negocios de éxito, que tiene una familia atractiva y
amorosa. Entonces mueren sus hijos uno tras otro. Sus negocios fracasan, pierde su salud. Finalmente toda su ciudad
y una gran parte del mundo son destruidas en una guerra
nuclear.

Tres amigos acuden para "consolar" a J.B., igual que en
la historia bíblica, y una vez más sus palabras son más para
ellos mismos que para dar consuelo. En la versión de
MacLeish, la primera persona que trata de consolar es un
marxista que asegura a J.B. que nada de lo que le pasa es
culpa suya. Ha tenido simplemente la mala fortuna de ser
un miembro de la clase económica equivocada en el momento incorrecto. Era un capitalista en el tiempo en que el
capitalismo estaba declinando. Si hubiera vivido esa misma
vida pero en otro siglo, no habría sufrido castigo. No sufre
por ninguno de sus pecados. Simplemente se ha puesto en
el camino de la apisonadora de la necesidad histórica. J.B.
no se siente consolado por este punto de vista que toma su
tragedia personal demasiado superficialmente, contemplán-
dole simplemente como un miembro de una determinada
clase social.

La segunda persona que aparece para consolar a J.B. es
un psiquiatra.

—No eres culpable —le dice—, porque la culpa no existe.
Ahora que comprendemos qué es lo que hace densos a los
seres humanos, sabemos que no tenemos posibilidad de

elección. Sólo creemos que elegimos. En realidad nos limitamos a responder a los instintos. Nosotros no actuamos; son nuestros instintos los que actúan sobre nosotros. Por tanto, no tenemos responsabilidad ni culpa.

J.B. responde que una solución que le hace ser una víctima pasiva de instintos ciegos, le hurta su humanidad.

—Prefiero sufrir todos los sufrimientos sin nombre que Dios me envíe, sabiendo que fui yo quien actuó y eligió antes que lavarme las manos con las tuyas en esa infame inocencia.

La tercera y última persona que aparece para dar consuelo es un sacerdote. Cuando J.B. pregunta qué hizo para merecer tan duro castigo, le responde:

—Tu pecado es simple; naciste hombre. ¿Cuál es tu defecto? El corazón del hombre es malvado. ¿Qué hiciste? La voluntad del hombre es malvada.

J.B. es un pecador merecedor de castigo no por algo específico que ha hecho, sino por haber nacido humano, todos los cuales son inevitablemente imperfectos y pecadores. J.B. le contesta:

—El tuyo es el más cruel de los consuelos; convierte al Creador del Universo en destructor de la humanidad, en un cómplice de los crímenes que castiga.

J.B. no puede dirigirse en busca de consuelo y ayuda hacia un Dios que hizo al hombre tan imperfecto y después le castiga por su imperfección.

Tras haber rechazado las explicaciones de los confortadores, J.B. se dirige hacia el mismo Dios y, como en la Biblia, Él le responde, abrumándole y sobrecogiéndole con su terrible aparición, citando frases directamente extraídas del discurso bíblico de la tempestad.

Hasta este momento, MacLeish nos ofrece la historia bíblica de Job en un ambiente moderno. Su final, sin embargo, es radicalmente diferente. En la Biblia, la historia termina con Dios que recompensa a Job por haber soportado tanto sufrimiento, y le otorga nueva salud, riqueza e hijos. En la obra no hay ninguna recompensa celestial en la última escena. J.B. regresa junto a su esposa y se preparan para seguir viviendo juntos y formar una nueva familia. Su amor, y no la generosidad de Dios, les proporcionará nuevos hijos para reemplazar a los que murieron.

J.B. perdona a Dios y se compromete a continuar viviendo. Su esposa le dice:

—¿Querías justicia? No hay justicia... El amor es lo único que existe.

Los dos narradores, que representan los papeles y puntos de vista de Dios y del Demonio se quedan frustrados. ¿Cómo puede una persona que ha sufrido tanto en la vida querer seguir existiendo? ¿Quién es el héroe, Dios o él? ¿Se debe perdonar a Dios? No hay que olvidar que Job era inocente. El Job de MacLeish responde al problema del sufrimiento humano, no con teología ni psicología, sino tomando la decisión de seguir viviendo y creando nueva vida. Perdona a Dios por no haber creado un mundo más justo, y decide tomarlo como es. Deja de buscar justicia e igualdad en el mundo, y en su lugar decide buscar amor.

En las conmovedoras líneas finales del poema, la esposa de J.B. dice:

Las velas de la iglesia están apagadas,
Las estrellas han desaparecido del firmamento.
Enciende el carbón del corazón
Y luego ya veremos...

El mundo es un lugar frío e injusto en el cual todo lo que consideraron precioso ha desaparecido. Pero en vez de dejarse vencer por este mundo y esta vida injusta, en vez de mirar hacia atrás, a las iglesias y a la naturaleza, pretendiendo obtener respuestas, buscan dentro de ellos mismos su propia capacidad de amar. "Enciende el carbón del corazón", porque esa pizca de luz y calor será capaz de sostenernos.

En *Dimensiones de Job,* editado por Nahum N. Glatzer, MacLeish escribió un ensayo explicando lo que intentó decir en el final de su obra sobre Job. "El hombre depende de Dios para todo; Dios depende del hombre sólo en una cosa. Sin el amor del hombre Dios no existe como Dios, sino sólo como creador, y el amor es la única cosa que ni el mismo Dios puede imponer. Se da o no es nada. Y es más auténtico, más libre, cuando es ofrecido a pesar del sufrimiento, de la injusticia y de la muerte". No amamos a Dios porque sea perfecto. No le amamos porque nos proteja del peligro y evite que nos pasen cosas malas. No le amamos porque le temamos, o porque pueda hacernos daño si le damos la espalda. Le amamos porque es Dios, porque es el autor de todo lo hermoso que hay a nuestro alrededor, porque es la fuente de nuestra fuerza, de nuestra esperanza y de nuestro valor, cualidades que nos sirven en los momentos de dificultades. Le amamos porque es la mejor parte de nosotros mismos y de nuestro mundo. Esto es lo que significa amar. El amor no es la admiración de la perfección, sino la aceptación de una persona imperfecta con todas sus imperfecciones, porque amarle y aceptarle hace que seamos mejores y más fuertes.

¿Hay alguna respuesta a la pregunta de por qué a la gente buena le pasan cosas malas? Depende de lo que entendamos por "respuesta". Si queremos decir si hay alguna explicación para comprenderlo todo, para comprender por qué existe el cáncer en el mundo, por qué se estrelló el avión, por qué murió mi hijo, probablemente no exista ninguna respuesta satisfactoria. Podemos ofrecer explicaciones bien estudiadas, pero al final, cuando hayamos cubierto todos los casilleros del tablero y nos sintamos muy orgullosos de nuestra inteligencia, el dolor, la angustia y el sentimiento de injusticia aún estarán allí. Pero la palabra "respuesta" puede significar tanto "contestación" como "explicación", y en ese sentido podríamos llegar a encontrar una respuesta satisfactoria a nuestras vidas. La respuesta podría ser la de Job en la versión de MacLeish de la historia bíblica: perdonar al mundo por no ser perfecto, perdonar a Dios por no hacer un mundo mejor, acercarnos a la gente que nos rodea y seguir viviendo a pesar de todo.

En el análisis final, la pregunta de por qué a la gente buena le pasan cosas malas se convierte en algunas preguntas muy diferentes, sin plantearnos por qué sucedió algo, sino preguntándonos cómo reaccionaremos, qué intentaremos hacer ahora que sucedió.

¿Es usted capaz de perdonar y aceptar con amor un mundo que le ha decepcionado por no ser perfecto, un mundo en el que hay tanta injusticia y crueldad, enfermedad y crimen, terremotos y accidentes? ¿Puede perdonar sus imperfecciones y amarle porque también puede contener gran belleza y bondad, y porque es el único mundo que tenemos?

¿Puede perdonar y amar a la gente que le rodea por no ser perfectos, porque le lastimaron y le traicionaron? ¿Puede perdonarles y amarles, porque no existe la gente perfecta, y porque la pena por no ser capaces de amar a la gente imperfecta es condenarse uno mismo a la soledad?

¿Puede perdonar y amar a Dios, incluso cuando descubrió que le ha abandonado y decepcionado, permitiendo que existan la mala suerte, la enfermedad y la crueldad en su mundo, y permitiendo que algunas de estas cosas le sucedan a usted? ¿Puede aprender a amarle y perdonarle a pesar de sus limitaciones, como hizo Job, del mismo modo en que aprendió a amar y a perdonar a sus padres a pesar de no ser tan sabios, tan fuertes o tan perfectos como los necesitaba?

Si puede hacer todo esto, ¿podrá reconocer que la capacidad de perdonar y la capacidad de amar constituyen las armas que Dios nos ha otorgado para que podamos vivir plena, valiente y significativamente en este mundo tan poco perfecto?

Pienso en Aaron y en todo lo que su vida me enseñó,
y me doy cuenta de todo lo que perdí y de cuánto gané.
El ayer parece ahora menos doloroso,
y no tengo miedo del mañana.

Agradecimientos

El proceso de transformar una idea en un libro es largo y complejo. En mi esfuerzo, fui ayudado por muchas personas. Mi editor, Arthur H. Samuelson de Schocken Books, me apoyó enormemente. Su entusiasmo, antes de la publicación y después de la misma, me hizo más sencillo volver a escribir todo una y otra vez, y sus sugerencias de cambios fueron de mucha ayuda. Los miembros de las dos congregaciones en las que he sido capellán en Great Neck, Nueva York y en Natick, Massachusetts, escucharon mis sermones, me trajeron sus problemas y compartieron la vida y la muerte de Aaron con mi familia. Pueden, en justicia, considerarse parcialmente autores de este libro. Todos los casos comentados proceden de mi experiencia pastoral y constituyen combinaciones de personas que he conocido. Ninguna semejanza específica es intencional. Varios amigos cercanos leyeron el manuscrito en sus distintas etapas, y les estoy agradecido por sus consejos y sugerencias.

Pero más íntimamente que nadie, mi esposa Suzette y mi hija Ariel compartieron la vida y la muerte de Aaron. Mis recuerdos son sus recuerdos, y rezo para que mis consuelos sean asimismo los suyos.

Harold S. Kushner
Natick, Massachusetts
1981